यहीं कहीं पर

(संपूर्ण कविताएँ)

खंड : 3

वाणी प्रकाशन
नयी दिल्ली-110002

यहीं कहीं पर

(संपूर्ण कविताएँ)

खंड : 3

सुनीता जैन

(1973-1998)

ISBN 81-7055-635-X

वाणी प्रकाशन
21-ए, दरियागंज, नयी दिल्ली-110002
द्वारा प्रकाशित

प्रथम संस्करण : 1999

मूल्य प्रत्येक खंड 350.00
(संपूर्ण सेट तीन खंडों में 1050.00)

अन्ना कम्प्यूटर्स, दिल्ली-110053
द्वारा लेजर कंपोज़

शुभम ऑफसेट, दिल्ली-110032
में मुद्रित

YAHIN KAHIN PAR-3
(Poems)
by Sunita Jain

यहीं कहीं पर

(1994-1973)

खंड-3

कविता-क्रम

समीक्षा-क्रम

पौ फटे का पहला पक्षी

(अक्तूबर-नवम्बर 1994)

छाले

आँख मींच लो
अभी न सोचो
सोचेंगे कल

करने से क्या
हुआ कभी कुछ
पड़े रहे जब
तले वृक्ष के
पूरा दिन ही—
हाथों में थे मोती उजले,
शाम ढले जब
मुट्ठी खोली

कभी दौड़ते रहे
सड़क पे
लेकर छेनी और कुदाली

खोद-खोद दिन गये
दिनों दिन,
हाथों थे, हाथों के छाले
खाली

☐ 10.10.94

लज्जा नहीं आती

मुझे यह कहते हुए
तनिक भी लज्जा नहीं आती
कि यद्यपि
बासनिया में, काश्मीर में
उससे पहले पंजाब, उससे
पहले खाड़ी में
रक्तपात है, लूटपाट है
बलात्कार है—
पर मुझको ईश्वर में
विश्वास है, बिश्वास है

मुझे यह कहते हुए
तनिक भी लज्जा नहीं आती
कि यद्यपि
बहू जल रही है,
बच्ची बिक रही है, गर्भ तक में
उसका संहार है—
तो भी प्रकृति और पुरुष में
अटूट प्यार है, प्यार है

मुझे यह कहते हुए
तनिक भी लज्जा नहीं आती
कि यद्यपि
बच्चा भूखा है, युवा बेकार है
बूढ़े पर अत्याचार है,
तो भी नभ से नदी तक
गीत है, ऋतु है, श्रृंगार है

□ 12.10.94

वागीशा

यदि अकेले
बैठ पेड़ पे
मिले तुम्हें गाने को—
गाना !

गाना तो वागीशा है

यह मत कहना,
जंगल में नाचा मोर,
भला तो, क्या नाचा ?

वह नाच रहा
जिसको दिखलाने
देखो तो, वह नाच रहा है
संग संग
हो आँख उसी के
पंख पंख में

□ 11.10.94

बार-बार

तुम कहते जिसको प्यार
वह होता बस
एक बार

कवि कहता
जिसको प्यार
वह होता है बार-बार

एक तड़ित अनुभूति उर में,

आंखों में छल-छल जल,
तन पर चलने लगतीं
चींटी की लम्बी-
लम्बी कतार

यह जो होता है
बार-बार,
होता नहीं कभी भी,
इसीलिए कविता में
कवि कहता रहता, प्यार,
प्यार
प्यार, प्यार !

□ 1.10.94

धूप

कभी पहाड़ी की
ओट चली जाती वह,
दिन को लगता दिन
डूब गया, दिन में

कभी उतर वह
नीचे आती
दोनों हाथों को अपने
दे देती दिन के हाथों में

यदि कभी तुम किसी दोपहरी
निकलोगे इस रस्ते
बैठ होगा दिन/सेमल नीचे
साथ उसी के सुस्ताने

और साँझ में वापस जब

जाओगे घर अपने
मुँह ढाँपेगी झट वह,
'जय राम जी', दिन बोलेगा,
झेंप मिटाने
□ 3.10.94

वन

बहुत दिनों में लौटी वन,
भूली तो न एक निमिष, पल,
साथ बढ़े छुटपन से जो
यह बड़ , नीम, आँवला—
कटहल, केले से करता,
बरजोरी/यह जामुन,
पीपल, अर्जुन यह,
यह सागवान ज्यों किसी दुर्ग का
प्रहरी

यह मेरा प्रिय आम रसीला,
कोयल सुनवाई जिसने थी,

कविता ज्यों पहली

यह हाथों को, कपड़ों को

रंगता रस से, रंगरेजी-
शहतूत बड़ा, जिसकी हर डाल
घनेरी—छुपे रहे, जब आया
माली

हाँ, यह तो मेरा लहसुनिया
जलती दोपहरी में लदा सदा

ले फल-फल में छोटी गुटकी
गोंद भरी !
यह भूला मुझको कैसे—
नाटा, फैला, चुभता पैना
बेर, लिये अनगिन बेरों की
छाबड़, चितहारी
और यह गोरा, गन्धीला
सुन्दर, पुष्ट, सफेदा,
देख जिसे मन, चुटकी सी
बजती थी

यह कमरक, यह महुआ,
यह खिरनी सोने सी, जामुन ढिग, ज्यों
कृष्ण खड़े संग रघुराई—

आने तो दो बाहर निक, अब,
यह बैठा रूठ कनेरा
वृक्ष नहीं तो क्या, झाड़ी से तो
अच्छा, पूजा हित ले लेकर
पीली मकरन्द-डुबी, फूल-टोकरी

यह मेरा लाल गुलकन्दी !

कितने हाथों पकड़ा करता
मेरी छोटी, यहाँ वहाँ गिर जाती चूनरी
और यह बेला , उठ मुझसे पहले
भर सुवास साँसों में
गा आती प्रात भैरवी

यह गेन्दा वह गुलदौदी,
यह चप्पा, जाने क्यों
राधा की जमुन पुलिन पे

सदा याद दिलवाती

और इनसे भी ज्यादा, मेरी—
पैरों से बालों तक मुझमें
भर अपने पन्नग हाथों का
ममतीला स्पन्दन—यह धरणी,
यह वनदेवी,, माँ सी प्यारी,
माँ मेरी
खेलें चारों ओर दिशा में
बाल ग्वाल से जिसके,
पटबीजन, आक-धतूरा, अलसी

और उनसे भी छोटे-छोटे
बथुआ, गोक्षर, रंग-बिरंगे—
फूल-दुपहरी !
□ 10.10.94

कविता है तुम सबकी

मैं क्यों कहती हूँ,

यह मेरी कविता है ?

इसमें क्या
मेरा है ?

वाचा से वाक् लिया,
माँ से अपनी शिक्षा,
गुरूजनों से दृष्टि ली,

पढ़ पढ़ उसको
माँजा,

सृष्टि से संगीत लिया,
वृष्टि से घट रस का,
बाकी बचा
रुदन तो,
वह भी तुमसे,
सदा लिया—
तुम से तुम से, तुम से,
लिया दंश उर तीखा !

अब जो भी झरता,
मुझको परि-
भाषित करता—
वह सब, कहो, कहाँ
कुछ मेरा ?

कविता है तुम सबकी,
कविता केवल,
कविता
□

योग

खिड़की को जब खोला,
दरवाजा
बन्द हुआ,
दरवाजे को खोला तो
अँधियारा
घुप्प हुआ !

विकट हुआ पर
ज्यों-ज्यों दिन,

जीना सरल हुआ

मुझसे, रह रह
मेरे ही
मिलने का योग
हुआ !
□

करें क्या ?

कभी सुबह
इनसे कहती हूँ
"कितनी अच्छी कविता है,
सुनो,
सुनाऊँ क्या ?"
वे कहते, "नहीं,

मुझे दफ्तर जाना है ।"
भले पड़े बिस्तर में
माँग रहे कप
चाय का दूजा

बेटे से कहती,
"सुन,
कविता अभी लिखी है"
"माँ !" कहता वह, चौकन्ना,
"लिख तो लो पूरी !"
"लिख ली है, न,"
छोड़ लाज सब कहती,
"अच्छा आता हूँ,
बाहर दोस्त खड़ा है"

अब इससे अधिक
बेचारा,
क्या दे देता मुँह पर
सीधा, चाँटा ?
तो, कविता,
अब, कहो तुम्हीं,
करें क्या ?

किसी कवि को
कहना तो
कान पर उसके
रख बन्दूक, दबाना है
मर जायेगा, बेचारा !

हाँ, बाहर अभी-अभी,

आयी है चिड़िया पहली,
मैं भूल गयी थी बचपन से
ये ही आया करती, आ जाती
जब जब मुझको
होता था कहना कि "बड़-
भैया ने फटकारा,
या माँ ने न पुचकारा,
या बाबूजी की
छोटी गुड्डो फेवरिट
बेटी है, मैं नहीं !"

वह सुनती थी ! चुप रहती !
सुनी उसी ने थी
मेरी पहली
अनगढ़ कविता,
सुन कर नाची थी

केले के पत्तों पे
कुछ कत्थक, कुछ
उडिसी सा

अब मैं उतरी उतरी सी हूँ,
वह भी शायद बूढ़ी,
आती है फिर भी
उसको जब जब लगता,
मैं बुलवाती

सुन सुन इसने
पी डाला
मेरा कितना इतिहास
पुराना,

जिसको यह न दोहरायेगी,
न मैंने
दोहराना

सुनो, सुनाती हूँ अब,
वह कविता जिसको
सुनने की आशा में, तुमने
मुझपे विश्वास किया !
☐ 1.10.94

पुष्कर

बहुत धुले
उजले कपड़ों में
तैयार खड़े
मिलते हैं सुबह सुबह,
सरोवर पर—

वे, पूजा करवाने
या टूरिस्ट गाइड बन,
बतलाने कि
कहाँ कहाँ
क्या क्या
गरिमामय है

उनके पीछे
लज्जित से बैठ रहते
अपने प्राचीन
शिवालय में, शिव
मलिन, बिना
प्रात: का स्नान किये
और माँ पार्वती
के माथे, लाली
कुमकुम की न,
तने हुए जाले
मैंने अपनी आंखों देखे

नन्दी जी की तो पूछो न,
कीचड़ में बैठ थे
कार्तिकेय का
मन बहलाने,

हाँ गणपति जी की
सुन्दरता
वर्णन के बाहर थी
भले जमी थी काई
उनके सारे तन पे

झाड़ू तो जैसे
लगी नहीं थी पूरे

एक बरस से

“भाई, यदि प्रभु ही
हैं दुकान तुम्हारी,
तो अपनी इस
रोजी-रोटी की तो
किया करो रखवाली !
क्या घर पर भी, घर
इतना गन्दा रखती
घरवाली ?”

कहने की देर नहीं थी
वे टूट पड़े सारे—
ज्यों फेंके हुए चने पर
टूटें वानर,
काले मुँह वाले
“यह कारपोरेशन का है,
अपना काम नहीं,
लेते हैं कर वे हमसे,
वे ही करें सफाई”

ब्रह्मा जी अपने
इकलौते मन्दिर में,
बैठे रहे, शिथिल से
बोले, “मुझसे अपील करो मत,
देखो मेरा ही
यह परिसर—
इस धवल स्फटिक
आंगन में
कैसा बींठों का
आलेपन !
ऊपर से यें गोरे सैलानी,

पूरे दिन,
फोटो खींचा करते !

यहीं से देख रहा हूँ
सड़कों पर ताजा
गोबर

"पर लौटो घर अपने,
तुम क्यों हो चिन्ता में ?
ईश्वर है ईश्वर, नित
भक्तों की भक्ति में,
मैं ब्रह्मा—
सृष्टि का स्रष्टा
कैद नहीं पुष्कर में ।"
□ 12.10.94

यात्रा

एक लम्बी यात्रा :
स्टेशन
खाली वेटिंग रूम,
वह, और मच्छर
इस ताक में
कि बिजली बन्द कर
लेटे जैसे ही,
वे टूटें अपने भोजन पर

सृष्टि में बस
यही दो—
यात्रा

यात्रा

यात्रा
और किसी अचानक मोड़ पर
गिद्ध
चील
कौए,
प्रतीक्षारत
□ 14.10.94

कविता तो वह

कविता तो वह
जो याद रहे—
याद
आये,
जब मन समझाने को
न हो कुछ, तो
मन समझाये
पड़ी रहे
किसी कोने में
मिली विरासत में
पूँजी सी,
भुनवाना हो तो कभी
जरूरत के दिन,
भुन जाये—
ज्यों,
रहिमन धागा प्रेम का
मत तोड़ो चटकाए

और सुनते ही कुछ,
जो टूट रहा,
बच जाये
□

कोयल

कभी सोचा है
कि यह कोयल
कहाँ चली जाती है
कहाँ रहती है, और
कहाँ से फिर
ठीक पिछले वर्ष
की भाँति
आम के बौराते ही
चली आती है ?

सोचती तो हूँ
पर कल्पना
हार जाती है

इसीलिए
मान लेती हूँ कि
वह विराट नियम,
जो हम सबको
लाता
ले जाता है,

वही बतलाता है,
कि कोई कब
गाता,
कब

चुप हो जाता है
□

भादों

भादों ऐसा
कभी
घुटा ना

ना फूला कीकर
कभी चुभा

अमलतास गदराया,
ना ही पहले
कभी जला,

ना झर-झर
झर, चम्पा ने
नख-नख हो यों,
नोच लिया

□

फाँक

चुना करो
मुक्ता भले,
गिनते रहा
दिन उँगली,
आँखों में
रात

मिलना वही
जो पहले से,
चलता आया
कोई हिसाब,

अब भी यदि
करना हो उर तो,
करो, फाँक दो,
अपने हाथ !
☐

आशीष

आज जब बैठ गयी हूँ,
चलना छोड़ दिया,
पहले पहल समझ आया
तुम चल-चल आये
कितना ?

कितनी दूर-समय के,
खो गया तेज अंधड़ में,
वह छोटा पल—
सपना
मुझे नहीं पता है
क्या बाकी, देकर जो,
निर्मल कर लूँगी
यह रक्त-सना, कर
अपना
किन्तु यदि आशीषों का
कुछ भी फल होता है
तुम रहना, तुम रहना—
तुम रहना, तुम,
रहना !

☐ 11.11.94

अच्छा लगता है

अच्छा लगता है
आंखों को बन्द रखना
जो दिखता है
बन्द आंखों को,
तुमको क्या दिखता है ?
झरने,
झील
पहाड़ी,
देवदार कद्दावर,
नीर धीर, नद, नदिया

खड़े कगार पर
सागर ?
बचपन के
वे देव
वृक्ष-वृक्ष,
परछाई में दानव ?
और अचानक
डूब गया जो
माथे पर उगता
सूरज
□

किसने सोचा था

इतनी जल्दी,
इतनी थकान !

किसने सोचा था

घुटने टूटेंगे,
पल भर में
लुण्ठित हो,
भूमि पे,
लोटा होगा
अश्व सजीला
गरुतमान !

☐ 8.9.94

लगता ये कुछ ठीक ही

कवि को
प्रभु ने
वाणी दी,
कान नहीं,
तो उसका क्या
दोष, कहो ?
कहता रहे
कहना उसे
जो

सुनता नहीं
कवि को
कवि, यदि,
बहरा मिले
वाचाल को
लगता यह
भी,
ठीक ही !

☐

मैं कभी भी

मैं कभी भी
यह नहीं समझ पायी
जो मुझे नहीं जानते

वे क्यों मानते हैं कि
मैं उन्हें जानूँ, जरूरी है

मैं कभी भी
यह नहीं समझ पायी
मैं जिनसे कुछ नहीं माँगती
वे क्यों चाहते हैं कि
कुछ माँगूँ, क्यों नहीं माँगती ?

मैं कभी भी
यह नहीं समझ पायी
जो मुझसे नहीं बोलते
वे क्यों नाराज हैं कि मैं
उनसे नहीं बोलती, बोला करूँ ?
□

कुरुक्षेत्र

आज तुमको
नहीं थी,
कल उसको
न होगी
आवश्यकता प्यार की

फेंका अभी,
कर चीथड़े,

अच्छा किया।
यों ही चला,
चलता रहा
प्रतिकार का
यह सिलसिला

रहा कुरु में,
प्यार ही तो,
प्यार से
हर दिन
भिड़ा ?
□

कहते रहो

कहते रहो, बन्धु,
कुछ भी कहो,
पर पीछा
छुड़ाने को
कहो—

कहना क्या
हाथों की
हथकड़ी ?
या सर को
रखना
ओखली ?

कहना तो
बस
कहना है,

इस खाती
महँगाई में,

बिना मोल,
कुछ खाना है

कहते
रहो !
□ 12.9.94

नहीं क्या ?

नाप दो
आकाश,
देना नहीं पर
एक खिड़की

कह दो भले
चाहे जिसे
'जीवन तुम्हीं'
आने नहीं देना
निकट पर
स्वप्न तक भी

करते चलो
तुम सब यही,
कर रहे
कुछ भी नया ना—

ये ही हुआ,
होता रहा,

कल भी

नहीं क्या ?

☐ 12.9.94

चाम

जब तक चलता
चमड़े का
सिक्का,
रहो चलाते, बन्धु

कल तो होगा
नहीं हुमायूँ
होंगे सिर्फ माशकी,
भिश्ती

बादशाह दे भाव दोबारा
यह तो नहीं जरूरी

इसीलिए सोचो न
कल की,
सोचो, अच्छा यदि हो न
कल ही

आज ऋतु यह अभी तुम्हारी
कुछ भी दाम लगाओ—

कमी भला क्या,
यहाँ
चाम की !

☐ 13.9.94

सभागार

वे कहते हैं बातें
इतनी बड़ी—
बड़ी-बड़ी

मैं सुनती हूँ, पढ़ती—
विश्वास कीजिए
बहुत सभ्य हूँ, और
सेंसटिव—प्रभावित होती हूँ
अनुपात में सही-सही

मान लेती हूँ
बातें बड़ी थीं—
पर यदि सभागार में ही छूट गयीं
कर-तल की ध्वनि सीं,
तो मेरी ही छोटी थी
कुछ बुद्धि

पी-एच० डी० हूँ ?

तो क्या—डिग्री तो, भैया,
कौन नहीं बिकती ?

☐ 14.9.94

गुड़

सुनूँ, किस-किस को ?

तुम को, जो बजते
घड़ियालों में
घड़ियाल से

घण्टे पर हर घण्टे,
कहते रहते
कुछ न कुछ
कुछ न कुछ ?

या उसको
जो गूँगे का
खा गुड़,
गुडुप—
कछुए सा अंग समेटे,
बैठा रहता
मुझमें दम साधे
चुप,
चुप,
चुप !

□ 14.9.94

बोल मेरी रानी

पानी पानी
पानी पानी
कितना पानी

कितनी मछली ?
कितना पानी ?

यह मैं—
ढूँढ रही कुछ,

यह तुम—
बैठे चुप,

यह वह—
कौन ? कहाँ ?
कब ? गया ?
अभी छुप !

पानी पानी
पानी पानी
मछली अज्ञानी

लो बैठी
काँटे को चुग,

लो बैठी
काँटे में खुभ !

पानी पानी
कितना पानी—

बोल मेरी रानी,
बोल मेरी रानी ?

बोल !
□ 12.11.94

पत्र-प्रशस्ति

वे आये,
बैठे,
बोले
बातें कीं
चौबारों से

ऊँची,

चलने लगे तो
झोली भर-भर,
संग चले कुछ
पत्र-प्रशस्ति

खड़ी किनारे
सोच रही, क्यों
चल नहीं पाऊँ

सड़क मैं इतनी
सीधी ? जो
अपने अलिन्द से
चल कर,
रुकती अपनी
ड्योढ़ी ?
☐ 12.9.94

भवन

काल के
इतने बड़े भवन में
कहाँ मुझे रहना है
यह भी तो चुनना
बाकी !

प्रकोष्ठ बहुत यह
सजा धजा/उपकरणों से
लगे नवेला,
इसमें रहते हो तुम,
मैं भी यदि

रहने आयी,
तुम्हें कभी, या मुझको
होगा कष्ट बड़ा

यह जो बन्द पड़ा है
इसको तो न खोलो
जाने इसमें क्या हो
कुछ प्रेत बुभुक्षित कल के,
कुछ चिट्ठे
आकुलता के !

हाँ, यह आंगन
सुखकर—
पड़े हुए हैं इस में
थोड़े बहुत प्रस्तर,
शिला खण्ड, कुछ पत्थर
कुछ कुछ पर तो ताजा है
अभी समय की मोहर

क्या इनके नाम पढ़ूँ ?

नहीं— ये जग जायेंगे
याद इन्हें आयेगा
ये क्या थे
कल

लो बैठ
यहीं,
तुम तजने,
जर्जर
तन की चादर
□ 8.9.94

मेरे तो दिन

तुम्हें रात ये,
मेरे तो दिन

दिन भर थक-थक कर
प्रतीक्षा रहती,
कब सो जायें सब,
सन्नाटे में झींगुर
घर के अन्दर,
बाहर लावारिस श्वानों का स्वर,

या बस, चौकीदार की सीटी,
चौथी मैं, चुप लेटी—
या उठ बैठी,
शब्दों में ढूँढ रही
अपने को फिर फिर,

सुनती, बहुत अकेले,
अपने खालीपन को—

भर लाती, ज्यों बार बार
किसी रहट की कुएँ से
जल भरती, पनडिब्बी—
बनती कविता की,
पंक्ति
पंक्ति
पंक्ति
□

विस्मय

मैं ने कविता के
कितने पोथे पढ़ डाले
नये-नये—
पर विस्मय
रस्सी पर कपड़े सा
टँका रहा मन
सूखा

यहाँ हथौड़ा
कोई चला,
यहाँ कुछ चीखा,
पैरों के पास बहा
पानी नाली का गन्दा

रस्सी पर
टँगे टँगे
सूखा, मन
ऊबा

न ईश्वर
न ऋतु कोई,
न रंग सिवा मैले के
कविता में मुझको
आज मिला
□

पौ फटे का पहला पक्षी

सो तो जाऊँ—सोना
किसे बुरा लगता,

अन्धकार की गोदी
शिशु होना ?

पर जाने क्यों,
बाकी रह जायेगा, मुझको लगता
वह, जो कहने को
बार-बार, रात-भर जगती,

कहते-कहते रह जाता पर
सारे का सारा कहना
इसी तरह से
कभी-कभी
गाने आ जाता,
पौ फटे का पहला पक्षी,

अपने सहज सुरीले सधे-कण्ठ से
गाता जब

ठगी खड़ी रह जाती—
यही, यही तो है जो
मुझे अभी था कहना
□ 13.11.94

बस तेरी

यदि मैं जागी
चौकन्नी,
भरी रात में,
पैरों पर रख हाथ तुम्हारे,
माँ, इला, बैठी न होती,

तो यह पद्य अभी जो

झरा तुम्हारे कर, वो,
भर कैसे झोरी, पाती ?

मैं दिन में चाहे,
बंदिनी औरों की
हर रात प्रात तक, किन्तु,
बस तेरी ! बस तेरी !

□

इसीलिए पाठक तुम

हो सकता है तुम

इनको पढ़ते हो,
हो सकता है ये
कविता हों,

उसकी तो साँसें हैं—
जीता था वह
अगले पिछले काल
इन्हीं में

हो सकता है
तुम इनको सुनते हो
हो सकता है
ये बातें हों
उसका जो जीवन था,
गढ़ता रहता इनमें

इसीलिए पाठक तुम
इसीलिए श्रोता तुम

परछाई हो कविता की
रहती जो कवि-उर में

□

लेखा-जोखा

यह जो बोया
कल फल देगा,
यह जो फला
पता कब बोया

मुझको तो आता
बस इतना,
आँखों में भर लूँ
फूला जो फल दे,

हाथों से रोपूँ
जो अंकुर, धरणी
फोड़ चला

इन दो के बीच
ऋंखला
अन्तराल जो,

वही फलसफा
सीखा नहीं कहीं भी,

इसलिए दृष्टि से लिख
छू-छू कर हाथों से

मैं बीज-बीज का,
लेखा-जोखा
रखती

□

हवन कुण्ड

तुम किस को
नकार रहे ? क्या मुझको ?
मेरा यदि कहीं है कुछ,
तो मुझको दिखलाओ

तुम नकार रहे हो, भाई
गी को, इडा को
इरा को, इला को

क्योंकि
वे कविता में आतीं,
किन्तु आती हैं
जिस पल, उससे पहले
विगलित हो जाता
मेरा 'मैं' सारा
रह जाता
हवन कुण्ड का
अग्नि जलता

गिरि शिखर का
हिम/पिघला

तुम जान सको यह,
कब तुम को,
अपने से खाली
समय मिला !
□

योग

वन्दना हो
सरस्वती की, गीत, तुम
गाते रहो,

गाता है ज्यों
ओंकार
नभ में,
रहता है ज्यों
संगीत नद में

लिखते रहो
हर पंख पर
जाते समय के
जा रहे क्षण की
कहानी
बिन लिखे ही
पात पे
सुधि के,
स्मरण की

जाना वहाँ
जाता नहीं
इतिहास कोई,
जाता नहीं,
प्रमाद,
युक्ति, तर्क

जाकर कहो तुम,
मृत्यु से
मृत्यु तलक का
योग !

□ 20.9.94

मानती हूँ

मानती हूँ
दूर
दिन की हड़बड़ी से

अ-सम्पृक्त
समय से,
साख,
सत्ता,
गड़बड़ी से

मानती हूँ
कोई तनी
मुट्ठी नहीं, नारा
नहीं,
न ही धार चढ़ता,
व्यंग्य इनमें

पर फूल की
अपनी जगह है
शस्त्रों के
घोर युद्ध में

चाहिएं वे भी तुम्हें
जब डालने हों
शव पर किसी के
□

बाकी नहीं

आज ऐनक
वैसे ही रखी है

पैन, कागज पर
सोया सा

दीवार पर
पुराना पैतृक घण्टा
कुछ अधिक ही
शोर करता सा

सोचती हूँ क्या
बाकी के जीवन में
पर्याप्त सम्बल होगी,
कविता ?
क्योंकि अब कविता ही
बाकी है
बाकी नहीं
स्वप्न एक भी,
न ही कोई
निराशा,

बाकी नहीं
मधु के छत्ते में
मोह भी आज
मधु का

बाकी नहीं
एक, छोटा सा भी,
उलहाना !
□

शाम ढली

तुम पूछ रहे,
क्या लाभ हुआ ?

मैं सोच रही,
जाना है,
सब कुछ को तो
छोड़ यहीं,
फिर लाभ हुआ,
क्या, लाभ नहीं ?

मेरे तो दोनों कर
देखो बिल्कुल
खाली,
शायद तुमने
दिया बहुत—
पर मुझसे ही न
हुई रखवाली

अब चला-चली
अब चला-चली

तुम पूछ रहे,

क्या लाभ हुआ ?
मैं सोच रही,
लो, शाम ढली !
☐ 13.11.94

वाहन

ये काले और
उजले, दो चूहे

काट रहे जितना ही
शाखा को,

मन देख रहा
उतना ही, द्रष्टा हो

टप-टप रिसता होगा
रस,
लटके होंगे औंधे
समय-कूप के
अन्दर

किन्तु रसना पर
मधु नहीं,
माधव हैं,
कुएँ के भीतर क्या ?
पता नहीं,
पर ऊपर बादल हैं—
श्वेत और श्यामल,

वाहन
खाली,

लौटे हैं शायद,
अभी स्वर्ग से,
छोड़ वहाँ ये
तुकाराम को !
□

घट

कैसी चिन्ता ?
किसकी
चिन्ता ?
घट बना,

पका,
उतरा,
भर लाया जल
गागर-गागर

चटका यदि
फूटा

तो हुआ वही
होना था जो
कल
निश्चित ;
या उससे परले
कल

कल बचा
अगर बाकी हो,
बचा
काल से उसको
तू गा,
शिवम्, शिवम् !

शिवम्, शिवम्
तू गा।
□

अँगूठा

ज्यों माँ करती नित नयी युक्ति—
कभी नीम का लेपन,
कभी मिर्च की चुटकी,
या हाथों पर

कस कर बाँधे पट्टी

छुड़वाती, वह बार-बार
बच्चे से कह,
'यह मुँह में रसा अँगूठा
अब और नही'

ऐसा ही है कुछ—
इन आंखों का बढ़ता
धुँधलापन,
शब्दों को
भूल भूल जाने का क्रम

ऊपर से आयी
पहली चिट्‌टी !
□

पतझड़

कितना यत्न किया
पतझड़ ने
झड़ें नहीं भरे वृक्षों के
फूल, पात और
फल

किन्तु
चाहने से तो
जाता नहीं,
प्रारब्ध बदल

एक शीत का झोंका,
अन्धड़ एक हवा का,

सौ-सौ हाथ उठे
वृक्षों के—

किन्तु गया
निगल

□ 1.12.94

यदि सूर को

यदि सूर को
आँख नहीं दी,

शब्दों में बैठे
देख रहे वे—

दिया कबीर को
गुण हाथों का
बीन चदरिया
डाल रहे वे—

मैं गुण हीना
कात सकूँ न,
देख सकूँ न
बिन तेरे,

जिस दिन, वाणी,
छोड़ गयीं तुम,
दिन हो लेंगे
पूरे !

□

समझा लेना मन

अब मुझसे तो
कुछ न होगा.—

साज सजावट,
रखवाली
भी घर की,

बच्चों के संग-संग, नित

हाथा-पाई,
समय की,

समझ सको तो
समझा लेना मन,
क्षमा मुझे कर देना

नाचा करते
सहस्त्र रूप हो
कब से, मुझ में
कृष्ण हरि
□ 12.11.94

खाई

कितना
अभी चलना ?
चल-चल शाम
किसी खाई ढल
सुबह पेड फिर
उगना ?

उग,
चलना,
चलना,
चलना ?

डर ना,
मन,
इतना,

क्या डरना,

आती होगी अभी
शाम
ले खाई वह,
डूबे जिस
नहीं कभी फिर
उगना

मन,
चल
जब तक
चलना,
चल, न !
□

कल्मष

कितना बड़ा
सूरज
उगा है !

पर स्वेद का

कारण नहीं

तप ताप
सोना हो गया
सब कुछ मेरा
अद्‌भुत, यहीं

हो वाष्प,
उजला हो चला,
था यदि कल्मष कहीं
□

लीला

रूप तुम्हारे जितने
गिरिधर,
उतने ही
राधा के

तुम नाचे
वह नाच रही

तुम जलद हुए
वह नीर हुई

तुम उगे कदम्ब
तट जमुना
वह पात-पात में
प्रीत हुई

तुम बज आये
बंसी में

वह थर-थर
तन संगीत हुई

तुम छोड़ गये थे
उसे जहाँ

वह खड़ी वहीं
जंजीर हुई

तुम लीला करने
आये
वह लीला हो
विस्तीर्ण हुई
□

प्रणाम्यहम्

जैसे यह हर-सिंगार,
पूजा करता, हरि की
पल-पल,
बिछ धरती पर
रात-रात भर,

वैसे क्यों मुझसे
झरा नहीं करते
शब्दों के,
गीतों के,
प्रणाम्यहम्-
प्रणाम्यहम् !

•

जब मेरी ठठरी का

मुझ से,
बोझा और
उठे न,

पास प्रभु के मेरे,
प्रिय जन
मुझको ले चलना,

वे कितने स्नेही हैं
यह तो मुझे पता है

कठिन-बहुत-उस-क्षण में,
मुझे वहीं जाना है,
लेटे लेटे
उस शीतल पत्थर पर,
तकते-तकते अपने,
नर्मदेश्वर/की छवि को
कहते, हे नन्दी जी,
हे कार्तिकेय,
निर्विघ्न कुरु मे देव
सर्व कार्येषु सर्वदा,

रुक जायेगी, वाणी—

जगतः पितरौ वन्दे
पार्वती परमेश्वरौ, कहते ही

मेरी अगली पिछली
जाने अनजाने कृत
भूलों से कर मुक्त मुझे,
अपना लेंगे, कालातीत
कल्पान्त कल्याणकारी, वे !

☐ 12.11.94

कुन्ती

दो नावों के
बीच खड़ी

एक तुम्हारे संग चली
दूजी गहरे
कीच धँसी

चिरे यदि आकाश
मध्य से
गिरे टूट कर
नदी, रवि

तो भी निभे
कहो, तुम, कैसे ?

गोदी पड़े नकुल
संग भ्राता
अकुलाए अर्जुन
सह भीमा
धर्मराज दें
धर्म दुहाई

दो नावों
के बीच गिरी
☐ 10.9.94

शॉल

यह गर्म शॉल जो तुमने
बीस वर्ष तक ओढ़ी

कान्धे पर मेरे है
इस सदी

वहीं वहीं वह धब्बा है
कत्थई,
जिसे तुम्हारी नयी शॉल पे
किसी तुम्हारी पुत्र वधू ने
पान रंगे हाथों से दागा !
तुम कहती थीं, जान बूझ कर
उसने किया था, ऐसा

जब से इसको ओढ़ा है
क्या कुछ आया
याद नहीं !
पर मैं हाथों से उन बातों को
पीछे ठेल रही

बस याद कि तुम रखती थीं
बड़े यत्न से इसको,
अब मेरे इस भाग दौड़ के
अस्त व्यस्त जीवन में,
क्या बच पायेगी यह, जो
मेरे जाने के पश्चात्
ओढे मेरी बेटी—

इसी यत्न से इसको ?
□ 8.10.94

इस बदली हुई ऋतु में

इस बदली हुई ऋतु में,
बदल रहा

कुछ अन्दर

जैसे बीमारी का
फेंका हो,
अभी उतार कर
लम्बा कम्बल
और मन करता हो
बालों को धो
इन्हें सुखाएं
छत पर

फिर माँ से
मचल-मचल
कहें, बना दे,
वह भोजन जो,
खाया
केवल जब,
जब उसने दिया
बनाकर—
जैसे हलवा
पतला

कहती थी वह जिसे
हरीरा,
कभी बादाम
कभी बेसन का,
या मेथी की
सोंधी रोटी !

जितनी बड़ी
सूची है यह,
उससे भी ज्यादा

अब उससे दूरी !

पर फिर भी,
इस बदली हुई
ऋतु में
बदल रहा
कुछ अन्दर ।
जैसे लौटा बचपन हो,
गन्ध ले आंगन
आम बौर की

बाहर डली
नीम पर ऊँचे,
मेरे झूले की
रस्सी,
और नयी नयी
सीखी साइकल से,
फिर घुटना मैं
छील, गिरी
□ 30.11.94

तेरा उजला रंग

रात हो गयी
सो गये सभी
शोर हो चला मंद्
अब शायद सम्भव् हो
सुनना,
शब्दों में शब्दों का क्रम

रात हो गयी

सो गये सभी
युद्ध हो गये बन्द
अब शायद सम्भव हो
शिथिल पड़े अस्त्रों से बच,
अंकुर का हो लेना द्रुम

रात हो गयी
सो गये सभी
कोर आंख फिर नम,
टूटे शीशे धूप गिरी ज्यों,

कौंधा फिर मन,
माँ, तेरा उजला रंग
□ 30.11.94

देखें भी क्या ?

पीछे मुड़, देखें भी क्या

कुछ छूटे
तिनके ?
कुछ टूटे
सम्बन्ध ?

कुछ, कहे न जो,
न कहने अब—वे
लाजहीन,
प्रसंग !

उठे भले न
पाँव एक भी,
पड़ा कहीं

रोता हो मन

पीछे मुड़
न,
पीछे मुड़..
□

प्रतिवाद

समझा-समझा कर
अपने को,
इतना भी न समझा पायी

वह चली गई
घर बन्द हुआ
जो जला दिया
वह राख हुआ

नहीं-नहीं, यह सत्य नहीं
फिर रो कर प्रतिवाद हुआ—
वह वहीं—वहीं है
उसी तरह से हँसती
हँस कहती,

'जीती रह, जीती रह,
बेटी !'
□

तीसी

एक कहानी हो
तुम

उनको,
कही गयी

जब
कही गयी

इतने बोझे
सर पर
सबके—
'बीत गयी
सो बात गयी'

किन्तु
मुझमें
तुम
तीसी हो,
हल्की
हर पल
खिली हुई,

जो कुछ जीना
जितना जीना
अक्षर-अक्षर
लिखी हुई
□ 10.11.94

खोज

सत्य को खोजा
माँ थीं,
श्वासों का क्रम था,
और था सत्य,

काल

शिव को खोजा :
स्वयं शिव थे
शिव,
चेतना शिव,
प्रकृति में, सृजन
शिव

सुन्दरता खोजी
सुन्दर थे लीलाहार
उनकी लीला,
और सुन्दर था
शब्द-विस्तार
☐ 28.11.94

कहाँ मिलोगी कविता ?

(सितंबर 1994)

पोटल

इस 'एक हाथ से ले,
एक हाथ से दे' के बीच
बैठ गए तुम कैसे
कविता की इतनी
पोटल ले !

दोनों हाथ उठाकर
महाभारत के रचयिता
रहे चीखते पथ पर
मुझे न कोई सुनता

ज्ञात उन्हें था—
आखिर तो थे द्रष्टा—
दो हजार वर्षों में
कवि को मिलता श्रोता

अब इस दो आने—
भूल हुई—
पच्चीस नए पैसे के कागज की
बोलो, कितनी कीमत चाहते ?

बैठ गए जो, भाई,

कविता की इतनी पोटल ले
☐ 9.11.94

कहाँ मिलोगी कविता ?

लो मैंने
घर को छोड़ा,
सहज, तरल
प्रिय,
निजी सभी
संबंधों से
मुँह मोड़ा

कलम उठाकर
रखी कान पर,
खींच कान को
उथल-पुथल से
जोड़ा

अब कहना, तुम
कहाँ मिलोगी,
कविता ?
लूटपाट में,
रक्तपात में,
महानगर की
किसी घात में,
गाओगी
मैंने माना

रीझोगी पर
किसे

रिझाओगी,
समझाना ?

□ 8.9.94

तब तो

इतने चिथड़ों में जो
बोल रहा,
इंगित कर-कर
घावों को खोल रहा,
इस भयावह कद्दावर के संग
तुम क्या हो,
नटनी-सी दिखती जो ?

मैं कविता,
स्वयं का स्वयं हूँ परिचय,
तुमको नटनी
दिखती क्या ? तब तो,
फूलों में तुमको
दिखती होगी
क्षणभंगुरता,
नहीं संघर्ष, काल से
पल का ?
शब्दों में सुनता होगा
वाद्य सुरीला बजता,
नहीं जयघोष, सृष्टि के
शंख का ?

सुननी हो यदि कविता
सुनो कबीरा,
मीरा,
सुनना तुलसी को तुम,
महादेवी को भी
सुनना

यह भयावह

कद्दावर,
चिथड़े-चिथड़े अब जो,
संवेद कभी था
स्वर का !

□ 10.9.94

बहाना था

कल मैंने
रद्दी के मोल
तुमको उठवा दिया

प्लेग का आतंक था
चूहों को भगाना था,
घर को आखिर
गंदगी से बचाना था

और कितनी गंदी
हो गई थीं तुम सब
रखे-रखे, कभी धूल
कभी बारिश
कभी सफेदी के छींटों में

सन गई थीं
मेरी पुस्तकें

नहीं, रातें—
पत्नी के सोने के बाद
चुराई, बैठक में ठिठुर- ठिठुरकर
पढ़ी गई, लिखी
वे बातें—
नहीं, मेरे अपने ही उर का

घर्षण,
प्रश्नों से छेदा
अपना लघु वृत्त जीवन
शब्दों में उगला,
ठथला
कोई दर्शन

क्या पुस्तक थीं
इतना कुछ !

अब कौन पढ़े,
बेटे इंजीनियर
बहू सी ए, डाक्टर
पत्नी तो पहले ही
इन्हें, सौत
गिनती थी

सुनो, साबुन देना तो
हाथों में कैसी
कीचट लग गई !!
□ 2.11.94

दौड़

तुम कछुए
मैं खरहा सही,
हम दोनों में
दौड़ सही

मैं दौड़ा
तितली को देख,
सोया, बुन

सपनों की सेज

आँख खुली तो
देखा नभ में
गाते किन्नर, मिश्री से
मेघों में घुल जाते
मेघ

'कछुए ने खरहा से पहले
छू ली देखो, धईया,'
ताली दे-दे बोला जब,
हर अगले से पिछला

भाग चला मैं
मुक्त हुआ

टुकर-टुकर वन
वहीं खड़ा था

आँख बिछाए कब का।

□ 18..9.94

जमाना था

कौन,
गुड्डो ? आ बेटी. . .
आ जा !

दादाजी, यह किसकी
फोटो है ?

तेरी दादी की।

पर यह तो बूढ़ी नहीं हैं ?

मैं भी तो बूढ़ा नहीं था न,
कभी मैं तेरे जितना भी था
जानती है, उन दिनों
अंग्रेजों का जमाना था

अंग्रेज. . . ?

हाँ, लाल-लाल मुँहवाले आदमी,
हम उन्हें देख बहुत हँसते थे
और मेरे बाऊजी के पास. . .

बाऊजी कौन ?

ओ, मेरे पापा ! पापा !

मेरे पापा के पास एक गाड़ी थी
जिसे दो घोड़े चलाते थे
हम उसमें बैठकर
रोज हवाखोरी को जाते थे. . .

हवाखोरी. . . ?

सैर, बेटा, सैर
सैर करते थे,
और हमारे घर में
विमटो की फैक्टरी थी

विमटो क्या, दादाजी !

अरे कैंपा, बेटी, कैंपा
तू पीती है न बोतल से

पर विमटो की बोतल में
ढक्कन नहीं, एक गोली
लगती थी शीशे की,
हम उसे अँगूठे से दबाते
तो छर्र से खुल जाती थी
बस ! दिन-भर पीते थे...

दिन-भर ! आपकी माँ
नहीं मारती थीं ?

उन्हें पता ही नहीं चलता था
हमारा घर इतना बड़ा था
तीस कमरों का...और...

दादाजी, मैं जाऊँ ?

क्यों बेटा ! बैठ अभी ।

नहीं, माँ गुस्सा करेगी
वह कहती है
आप बहुत खाँसी करते हो,
मैं बीमार हो जाऊँगी
बॉय, दादाजी !

जीती रहो, बेटी !
☐ 10.11.94

नाक में दम है

जाने टार्च कहाँ रख दी
बिजली फिर से
गुल है

न पहले-सी आँखें
न पहले-सा बल है

कदम कदम को अब तो
सँभल-सँभल
रखना है,
डॉक्टर ने बोला है
टूट गई हड्डी तो
जुड़ना फिर मुश्किल है

और बहुओं का तो पहले ही,
कहतीं, नाक में
दम है

जाने इतना पानी
आता क्यों गुर्दे में
लाचारी है, न तो
पड़ा रहूँ बिस्तर में ।

☐ 12.10.94

मुद्रा

मुद्राओं में मुद्रा चुन,
मुद्रा बन बैठे तुम,
बहुत सहज लगते हो

बाकी के सब भी तो
मुद्राएँ—मुद्रा को
पहचान लिया करते हैं

अब यदि कोई बेचारा,
नैसर्गिकता के

हठ का मारा,
पड़ा यदि रस्ते हो

कुछ गलत नहीं करते
जब
बिना तके तुम उसको,
अपने रस्ते
चलते हो
□

एक अफसर की मौत

अभी-अभी ठक-ठक कर
सीटी दे-दे
चौकीदार सोया है,
आँखों-आँखों रात गई,
पलकों को, रेत से
धोया है

अब पहाड़-सा फिर से
आन खड़ा यह दिन है,
कैसे नौ से दस होंगे
कैसे दस से ग्यारह—
ग्यारह से फिर रात के ग्यारह तक,
दहल गया-सा जी है

चालीस से ऊपर बरसों तक
दाब जिसे मुट्ठी में रखा
उसको कुछ तो बतलाते—
कहते कुछ तो,
जाते-जाते—

इन चीलों की बस्ती में उसको
कैसे होगा चलना

पाँवों में गठिया
आँख मोतियाबिंद है
☐ 10.10.94

टाइपिस्ट

किसे दोष दें भाई
जब ललाट फूटा है,
टाइपिस्ट थी वह उनकी
अब देखो क्या रंग है

संग रहती है उनके
सो तो चलो, अच्छा है,
पर उनको यह भी भूला
अपना कोई बच्चा है

अब तुम मुझको देखो
न युवती, न सुंदर
परित्यक्ता हूँ इसीलिए
श्वानों को स्वर्णिम अवसर

कैसी-कैसी जुगत लगाएँ
कैसा-कैसा हथकंडा,
कैसे-कैसे लटकों पर
बोलें लटका रोज नया

'मुझे तुम्हारी चिंता रहती है'
'एक बार देख न लूँ तो कल
नहीं पड़ती'

'चिंटू का होमवर्क हो गया क्या'
'तुम्हारी नौकरी के लिए
मिनिस्टर से मिला था'

'लानत है ऐसे पति पर
जो तुम-सी देवी की कद्र
नहीं करता...चिंता न करो
मैं हूँ न'

काश मैं कुछ दिन को
नारी से पुरुष हो जाती,
और इन सब की बीवी,
ऐसे ही फुसलाती

प्रभु !
मेरा चिंटू,
कब बड़ा होगा !

□ 9.11.94

चुप

इतने सारे शोर में
तुम क्यों अपनी ढपली
पीट रहे ?

उनको जाने दो,
ले जाने दो—
यदि खर होना ही उनकी नियति,
अपने होने का उनको
भारी बोझा ढोने दो,

तुम तो बैठो चुप

किसी वृक्ष के नीचे,

देखो गिलहरी को,
खरगोशों को,
चुग-चुग
नौजा खाते,
फिर झूठ-मूठ ही
लोट-पोट हो
कनखी से अपने
प्रिय को अगवाते

बैठो चुप,
बिलकुल
चुप
□ 30.9.94

पड़ोस में

विशाल भगवती जागरण है,
रात-भर माँ का
आवाहन है

भजनों में 'फिलिप्स टॉप टैन'
जैसा कुछ क्रम है
लगभग चार बजे हैं—

'मैं एक नन्हा-सा छोटा-सा बच्चा हूँ'
भजन जैसे भजन
गाए जा चुके हैं,

अब अंतिम चयन में
'तू चीज बड़ी है मस्त मस्त'

की धुन पर बीच-बीच में
बस 'जगदंबे' की टेक
पकड़ आती है, शोर में
खो जाते हैं—शेष शब्द

इतने सब चाय के प्यालों में
नींद नहीं आती
भगवती भी लगता है अब
जग ही गई हैं—
भौचक्की-सी शायद खोज रही हैं
किसी नदी के तट
नीरवता में,
ओट पहाड़ों की बैठे
शायद भक्त अभी कोई हों,
मन में ध्यान लगाए
बंद आँखें कर
होंठों पर
अटूट मौन को खींचे
□ 20.11.94

शेर

जितने-जितने हाथ मिले,
मिली न उतनी
झोली,

चोपाए या
दोपाए—

जब संग चले तो
चली दहाड़ के

टोली ::

शेरों के मुंह
किसने धोए,
किसने हाँकी,
बोली !!

□

रंग

अलग-अलग हम सबको
बैठ विधाता, रोज गढ़ें :

जिसको लेना, लेना बस
आयु उसको अधिक मिले
भरने को गढ़े और गोदाम
डील-डौल बलवान मिले
नहीं मिले बुद्धि तो क्या
दाबे जहाँ अँगूठा
सदा लक्ष्य पे वार चले

जिसको देना, तो देना क्या
मरियल वह
कृषकाय मिले,
तन से फिर भी
सेवा करिबे,
मन से लेत बलाएँ,

धन को देता दुईन हाथ से
हरदम मूर्ख फिरे,

अलग-अलग रंग,

कहें विधाता,
देखो बिटुआ
खूब चढ़ें !
☐

खरगोश

अभी-अभी पब्लिक में वे
आएँगे खरगोश-से,
अपने छोटे कद को
उजले कपड़ों से ढाँपे
चारों ओर बहुत चौकन्ने,
धीरे से मुसकाएँगे

बड़े-बड़े प्रतीकों में फिर
कविता बैठ सुनाएँगे
आप खुजाएँगे सिर अपना
मुँह से 'वाह' दोहराएँगे

अब जाते घर अपने,
गाड़ी के अँधियारे में,
दुबकी बैठी किसी स्नातक
की जंघा पे
कोहनी रखकर

चालक को राह बताएँगे ।
☐ 28.11.94

भँवर

अच्छा किया
यदि तिनके को

बहने दिया वहीं,
जाने दिया
अपने रस्ते,

यद्यपि वह मँडराया
बहुत देर तक,
रहा डोलता
कर, गहने,

तुमको तो था ज्ञात
डूबेगा निश्चित,
तिनके का क्या,
पर तुमको लेकर क्यों डूबे ?

खड़े रहो तुम इसी तरह
हाथ सतह के
बाहर खींचे,
आती ही होगी
अभी यहाँ,

तुम्हें भँवर से,
नाव बचाने

शिशु

लाख न तुम पहचानो
क्या मैं, ज्ञात मुझे,

तुम भर पाए
यहीं अघाए,
मुझको जाना आगे

आगे, आगे, आगे,
नहीं जहाँ सम्मान,
तालियाँ,
मालाएँ,
मुद्राएँ,
तुम्हीं समेटो ये सब
भूलभुलैया,
बाधाएँ—

मुझको जाना आगे,
आगे, आगे जिस थल
कोई अकेला
लिखे बैठकर
हाथों में ले आग
प्राण में ज्वालाएँ
बैठे रहे वहीं कहीं थे
अब्दुल रहीम बड़े,
गए वहीं से व्यास, नाश लख
पुत्र-पौत्र-बांधव के,

खाक हो गए यहीं जफर थे
बिना किसी अपने के

आगे,
आगे,
आगे,
साँसों से
आगे—
जहाँ अभागे
वाग्देवी के पैर पकड़ते,
वाचा में
चिन जाते ।

□

सोचेंगे

बीते तो
यह रात
प्रात की,
प्रात हुए
सोचेंगे

मल-मलकर
ये हाथ
गए दिन चार
हाथ अब
सोचेंगे

किसने की
अर्थों की
बात,

बात, अर्थ
सोचेंगे

तुम मेरा न
सोचो,
मैं हूँ भी
या न कल,
सोचेंगे
□

हाथापाई

इतनी हाथापाई करके
लाए जिसको साथ

तुमने क्या कभी सोचा, बंधु
आखिर तो है राख

और यदि उसको भी
मुट्ठी भर-भर
ले आए—

वह भी होगी हवा
हमारे,
खुलेंगे जिस दिन हाथ
□ 17.9.94

बात

कविता कहाँ
अपने को दी
आवाज है,
छोड़ी थी जहाँ
उठाने की बात है

किस मुँह से इन्हें
कविता कहें
मुँह में
जम गए साज हैं

कविता थी
जब बिस्तर से
उठते-उठते
थिरकन होती थी
पैरों के नीचे
उड़ते रहते अनगिन
समूह सारसों के

ऊपर सर के

आंखों में गीत
अधर पे,
कल्पनाओं के
दावे थे जाने
कितने, कितने !
□

सुनो सहैया

सुख का तो, हाँ,
पता नहीं,
दुःख में थे पर
वहीं,
रोने को दे-दे
काँधा

मैंने पर यह
कभी न सोचा
जिस काँधे पर रोए
वह रोया कितना
काँधा

याद मुझे है यह भी
तुमसे दोनों हाथों ले-ले
झोले अपने डाला,
विस्मय क्या जो
झोला,
खाली का खाली
रहा सदा

सुनो सहैया,
मैं तीरों के पार चली—
अपने नाटेपन से
अपने खोटेपन से,
ऊब-ऊब, अब

डूब चली

आना हो जब
आ जाना
ना आओ तो तुमको
दे जन्मो आशीष, चली

सुनो सहैया,
बहुत किया,
यह जान, तुम्हीं को प्यार,

चली ।
□ 13.9.94

कार्तिक

पैरों में बिबाई
गहराने लगी,
हाथों का रूखापन
हाथों को ही
अच्छा नहीं लगता

तुम निश्चित कह सकते हो
कि ये सौगातें ले,
कार्तिक आ चला
बाहर होगा गुलमोहर

सूखी पत्तियाँ बिखेरता,

कीकर, रूई से नरम
पके फूल अपने,
हवा को भेंटता

इस मास
न आगे जाने,
ना ही पीछे सरकने का
मन होता—
कड़कड़ाती सर्दी
आते पूष की
भाती नहीं,

ना ही गए भादों का
वह स्वेद,
किचमिचाता
□

जीवित हूँ कहने को

कहना ही अब
जीवन,
जीवित हूँ कहने को

मरने को तो
बहुत मरे
क्या रखा मरने को

लेकिन जब तक रसना
लय से अवधूत,
जब तक शब्दों में धधकें

श्मशानों के दूत,

जीवित हूँ कहने को

उषा से पाए मैंने
बहुत दिनों तक,
नरम, सुवासित साँस

ऋतुओं ने जाने
क्या-क्या/ रचे फलक पे
फाग

लेकिन जब तक
भीतर चुभता
इतने सब टूटे दर्पण का,
सूक्ष्म एक भी काँच,
जीवित हूँ

हे, यमराज, सुनो
तुमसे हारी
तुम शब्दों से
हारो

कहना है कब-कब का
कहाँ कहा—
बाकी सब कहने को

शब्दों में ले सारांश
अभी,
जीवित हूँ
□ 27.9.94

दस्तक

क्या तुम किन्हीं अँधेरी
खंदकों में डूबने लगते हो
जब अपनी आवाज सुनाई नहीं देती ?
और शब्द, किसी जादुई
सुबह में एक साथ बोलते पक्षियों-सा,
अपने पंख नहीं खोलते ?

क्या तुम्हें भी लगता है कि
जीवन, मुँह तक ढाँपी रजाई-सा
छोटा और दमघोट हो गया है,
कि मन, मन-मन-भर का हो चला है
उस गाड़ी-सा जिसके
पहिए में कील हो ?

क्या तुम भी बेचैन होते हो
यह सोचकर कि
कहीं भी कोई ऐसा क्यों नहीं
जिसे कह सकते यह सब,
या जो बिन कहे ही
समझ लेता तुम्हारे स्वर का रुँधापन ?

और जब द्वार पर दस्तक होती
तो होता द्वार पर खड़ा वही

□

गा फिर एक बार

कविवर की रूठी वाणी,
गा फिर
एक बार, कल्याणी !

जाने उनके कंठ अभी हों
मधुशालाएँ कितनी बाकी,
कितनी-कितनी
प्रणय-पत्रिका
सूतों की माला, सतरंगिनी

जाने कितने अंगारे
उँगली से लिख 'प्यार'
रात में, हाथों पे
जलने बाकी

गा फिर, एक बार

सुन-सुनकर तेरे गीत गए
मेरी उन्मादी आयु के
अलसाए ग्रीष्म अधीर,
जाने कितनी रात गई
पढ़ तुझको ही, जब टूटे
सपनों के कल्पित नीड़

गा फिर, एक बार
'दो पेड नीम के', गा,
'बहुत दिन बीते', अब गा,

गाकर आवाज लगा—
'आओ, कविवर,
यह घर तुम्हारा,
कविता कंगली को
फिर से दो, लय की,
लहर-लहर शब्दों की
मिलन-यामिनी'

गा, फिर एक बार,
कल्याणी ।

☐ 27.11.94
(बहन जी के जन्म दिवस पर)

भूल हुई ?

तुम झरने-सी,
झंझा-सी,
सावन में
बरखा-सी,
अगहन में
पछुआ-सी
आती थीं हरदम,

जब तक
झोली भरती,
जब तक कागज पर
रचती,
जब तक बोल-बोल
सुर गढ़ती

हाथों से फिसल-फिसल
बादल से छनती
छाँव-धूप हो
छू मुझको, मुझमें
झर-झर झरतीं

भूल हुई ? क्या
अपराध कोई ?
मैं खाली झोली बैठी
ले कोरा कागज

तकती,

न झरने-सी
न झंझा-सी
न पावस-सी
न पछुआ-सी
तुम मुझमें झर, अब
मेरी
कविता बनती ।

□

प्रभु तक मेरे

जब मुझे अच्छा लगे
बस मुझे
अच्छा लगे

कोई उसका कारण न हो
न ही यह
न ही वह,
न तुमसे
न इस-उससे
मुझको मेरा
पता लगे

अपने से गहराती प्रीति
गहरी होती
संग चले—

प्रभु तक, मेरे
प्रभु तक, मेरे ।

□

भोर

जो गाती हो तुम मुझमें
मैं बस वह ही
गाती

अच्छा ही है, पूछा करते
वे सब मुझसे
मेरा नाम

मेरा नाम नहीं कुछ,
मैं उनको बतलाती

गा-गाकर
केवल वह, माँ
जो तुम मुझमें
गातीं

वे जानेंगे कैसे,
कितनी
रातें बीतीं,
तब गीतों की भोर हुई

भोर हुई—
लो,
जाती,
मैं,
गाती...
□

चारों धाम

जे जानत ते
कहत नहीं,
रहीम, आप जानते थे—
'साँचे से तो जग नहीं
झूठे मिलें न राम'

मैंने सच का वरण किया
राम में,
पाने चारों धाम

वे आँखें दिखलाते क्यों हैं

आए थे किस दिन जो
आते अब वे काम ?

☐ 3.11.94

निष्ठा

तुम धागा थे
सदा रहे,
मैं हाथों से
फिसल-फिसलकर
बचती रही
बँधने से

मेरे उस न बंधने में,
मेरे फिर-फिर गिरने में,
आश्वासन क्या
तुम्हीं नहीं थे ?

लौटी जब-जब
हार-हार मैं,
हाथ पकड़ने
तुम्हीं मिले

धागे की ऐसी निष्ठा !
मैं मोती, पानी-पानी,
इसी तरह से लँगड़ाती क्या,
हर युग में
प्रेम कहानी ?

□

मरकत

जोड़े से वे
जुड़े नहीं—
तुम तोड़े से
गए न छोड़

मांगे पर तो
कौड़ी न दे—
मरकत, विधना
दे बिन मोल !

□

बेड़ी

यह अकेलापन मुझे
झूठे दिलासों से अधिक
प्यारा बहुत है

कहते रहे तुम,
'हो अभी',
कहते रहे, तुम,
'हो वहीं',
पर मिली न ढूँढने से
छाप पैरों की कहीं

किंतु नहीं कोई शिकायत,
न कोई मन में गिला है,
था न पहले भी, सुनो तुम,
काटनी सबको
अलग ही
हाथ की यह काल-
बेड़ी

कल सुबह सोचूँगी उठकर
क्य अभी करना
बचा है,

यह अकेलापन मुझे,
प्यारा बहुत है।
□

फूल धूल को

गई ऋतु
झर,
गई
ऋतु

जाते-जाते
ले नहीं

कुछ गई,
ऋतु

वह और बात
दे फूल
धूल को,
तुमको
सूखे पात
हाथ में,

दे गई ऋतु।

□

साँचा

बातों का क्या
बातों को खेंचे-खेंच
ले जाओ, जहाँ
आकाश,
जहाँ तक साँस बात को
बातों के साँचें में ढाले—
कविता हो जाए,

मन तो पर वहीं,
वहीं—
घानी में पेर-पेर निज अपना,
देखा करता पूरे दिन
बूँद गिरे यदि
कहीं एक तो,
दिन
खाली न जाए।

□

तू चला ?

दिन चला—
क्या कर,
नहीं पता,

आया था ना भेंट यह,
न कहीं
भेंट हो ढला,

ढला
दिन कल का,
आना जो है, दिन
वह भी

तीर ज्यों बोल से निकला,
चला दिन—

एक-एक चल, -
दिन,
तू चला ?
□

वपुस

अभी-अभी अँधेरों से
बाहर पग रखा है,
मुझको न बतलाओ

क्या है बुरा,
क्या अच्छा है

जितनी भी घड़ियाँ हैं
हाथों की
दीवारों की
रोक रही मैं उनको
नहीं तुम्हें चलना है

मुक्ता से आभा ले
हीरों से ले ज्वाला,
आता-जाता,
आता-जाता,
निकट हमारे, खड़ा-खड़ा

वह अद्‌भुत आलोक
प्राण का,
काया को देने
वपुस नया।
□

मेरे मन गहरे

तुम सच ही
एक ऋतु हो

तुम सच ही
एक ऋतु हो

मेरे मन,
गहरे

जागा माली
सूखी पत्ती, दी बुहार आँगन से

खुरपी ली, हाथों पाला
अंकुर, जल दे,
जल दे-दे,

तिलस्म पे नित
तिलस्म खोला
जाने किस माया ने,

अब सबसे फूल अलग जो
रख जाता द्वार तेरे वो

कृतघ्न न कह,
न कहना, रे

तुम सच ही
एक ऋतु हो

तुम सच ही
एक ऋतु हो
मेरे मन,
गहरे।

□

बोलो ?

बालों को,
पलकों को,
नाखूनों को,
मत खोजो

आँखें हैं
दिखता है,

मति अभी
बाकी है—

अग्नि स्नान में, बोलो,
यह क्या
बहुत नहीं है ?
□

वीणा

कौंध गई वीणा
मन के पटल पे,
झनका स्वर
तन में—

तुम गाती हो,
देवी,
तुम गातीं—

कहाँ नहीं
इस भू में !
□

'जो होती कहूँ राम सों'

जन्म की पूँजी
खोकर सारी
खाली दोनों
हाथ

कितनी सीधी

राह, मैं फिर भी
ठोकर खाऊँ
लाख

रामजी,
मैं दीना
तुम,
नाथ

•

धरती सुंदर,
नभ भी सुंदर
सुंदर तेरी जगताई

केवल मैं ही
जन्म न दूजा
चाहूँ,

मेरे रघुराई

देना सबको
जो वे चाहें
जन-जन देना
प्रभुताई,

केवल मुझको
पास में अपने
रखना, राम,
बुलाई

धरती सुंदर
नभ भी
सुंदर,

सुंदर तेरी
जगताई

•

सौरभ-सा
तुम
आकर बिखरे,
जिस दिन
तन
मानस में

हाथों ने
कुछ मंत्र टटोले
यज्ञ किया
वाणी ने

रंग नहीं
जो
धुल जाएगा,

स्वप्न नहीं जो
खुल जाएगा

राम नाम है,
राम
नाम यह-
अंत समय का
मुख में

•

जिस दिन छोड़ी
जग की ममता,
तू मुझमें
चला आया,

कोस नहीं
दो कोस नहीं,
पहर नहीं
दो पहर नहीं

कण-कण को
पल भर में मैंने
रात-सियामय
पाया

राम-
सियामय
पाया

●

चलो रे,

कातर-बेला आई,
बड़ी अबेर मन
भेद ये पाई
हरि बसें तेरे
अंतस माहीं

कित-कित खोजत
मति भरमाई,
चलने की अब
बेला आई—

चलो रे,
कातर बेला आई

●

पत्नी नहीं
तुम प्राण,

रत्ना,
द्रष्टा थीं—गुरु
मेरी

धिक्-धिक् कहकर
छेदे मेरे,
उर में तुमने
राम

चलूँ प्रिय,
अब छोड़ूँ काया
कर तुमको,

प्रणाम,

श्रीराम !

□ अगस्त 1996

यदि निज को ही

यदि निज को ही
कहना है,
तो निज को
सोतों-सा गहरा
बहना है,

निज को करना,
निज को धरना,
निज को चलना,
निज गहना यदि—

निज को धुर्रीं,
निज को धैया कर,
निज से निज का

प्रतिपल,
परिचय देना है
□

बया-बयी

चला गया क्यों
बया,
उसे बुन—
खाली डाली
खाली नीड़

टूट गई क्या
बया-बयी की
किसी बात से
प्रीत

या दोनों में से
एक गिरा
खाकर गोली-
तीर

बोलो वन
क्यों मौन खड़े

क्यों संबंधों को,
संकल्पों को,
बस इतना
इतिहास मिले

शेष रहे न
चिह्न?
□ 4.10.94

जनवासा

तैं तुमको
कैसे कुछ
कह दूँ
जब मुझको
यह भी पता नहीं है
क्या चाहती थी
क्या चाहती हूँ
क्या चाहना बाकी है

इस भीतर-भीतर रोने के
कारण का भी तो,
कारण कोई नहीं है

हाँ, यह लगता
चले गए सब—
कुल्हड़
दोने,
पत्तल,
जूठन,
हैं जनवासे,
पाहुने नहीं कहीं हैं।
□

धर्मयुद्ध

किसी दिन
तुम्हारी अपेक्षाओं की चादर
उतार दूँ
अपने तन से यदि,

न चल पाऊँ और
एक पग भी
यदि,

मन ठान ले
मन में
मरणांत समाधि
यदि,

कहना नहीं कि
मैंने
कहा नहीं—
बात से
भाव से
बिंब और
संकेत से—

मैं बिना दाँव ही
दे आया
अगली सारी
साँसें अपनी,

इस धर्मयुद्ध में
युद्ध, युद्ध था
धर्म नहीं,
पांचाली
☐ 2.11.94

युग

हारे हुए उसे तो
बीत गया

युग एक,

तुमको किंतु यही लगे
पार्थ कुरु में
अभी लड़े

कहते रहे कृष्ण उन्हें था
कहना जो,
दिखते रहे मगर पार्थ को
केवल पितामह,
केवल
पितामह,
और पितामह की गोदी
बैठे सारे पांडु भ्रात,
हाथों की चुटकी पकड़े वे
भोजन के छोटे ग्रास !

रख दिया गांडीव तभी था
पाँव न तब से

कभी उठे—

तुमको किंतु
यही लगे
पार्थ कुरु में
अभी लड़े ।
☐ 3.11.94

सच कहती हूँ

(जुलाई-अगस्त 1994)

तट

सागर के निर्जन
तट पर,
वर्ष हुए यों चलते-
चलते

कल जाने कैसे
कौंधी सूरज की किरणें
या उछल फेन से
सीपी,
आई किरणों से मिलने

पर सच कहती हूँ
एक हथेली से जो
की हथेली बंद है
मोती है उसके अंदर
कहीं कदम्ब की
गंध है

☐ 30.6.94

रिश्ता

बहुत दिनों के बाद
घर के दरवाजे जा

अपने लेटर-बक्स को देखा

क्या आने को था

इस उतरे-उतरे मौसम में भी
कहीं किसी से
फूलों का रिश्ता ?

क्या होने को था
ऐसा कुछ जिसकी
छोड़ चुका मन
वर्षों से प्रत्याशा ?

लेटर-बक्स भले खाली था
पर कहना क्या तुमने
सच ही,
पत्र नहीं भेजा ?
□ 28.7.94

सुनो नदी

सुनो नदी, तुम
वहीं कहीं पर
बहना

देखो तुम
कितनी सुंदर लगतीं
पिघल अभी भट्टी से
रजत रेख सी चलतीं

सोचो, कितनी
आकर्षक हो

टेड़ी मेढ़ी, ज्यों पर्वत पे
पगडंडी

यदि मैं तुम तक आई
तो शायद सकुचाऊंगी
संशय होगा
आते जातों को,
पूछेंगे वे
अपना रिश्ता

यदि तुम मुझ तक आई
तो जाने
क्या क्या लाओगी—
महानगर की कीचड़
गये समय का
घाव पुराना

पर सच,
मैं तुम पर रीझी,
तुम मुझ पर
रीझी रहना

सुनो नदी,
नहीं आना
वहीं कहीं पर
बहना
☐ 24.8.94

सूरज आया था कल

इन अकारण विश्वासों का
कारण क्या है,

नहीं पता

सूरज आयेगा कल
क्योंकि सूरज
आया था कल,
उससे पहले कल
उससे
उससे
उससे पहले
हर कल,
आया था सूरज,
आयेगा कल

कल तुमने
मुझको याद किया
इसका केवल यही प्रमाण
कि मैंने विश्वास किया

□ 23.8.94

चंदन

प्रेम ?
क्या कहानी है

जो सुनानी है
यहाँ वहाँ
इसे उसे ?

प्रेम ? किसने कहा ?
देखा कहाँ,
किससे
सुना ?

मैंने लिया चंदन
बूँद एक
माथे रखा
कर जोड़ आँखें बंद
मन में कहा,—

ओम नमः शिवाय
ओम नमः शिवाय
ओम नमः शिवाय

पुनः कहा
पुनः कहा
पुनः कहा
□ 29.7.94

प्रतीक्षा

बहुत प्रतीक्षा की
सड़क ने,
अपना कोई
आन मिले

भूला कोई
संग चले
बिछुड़ा कोई
गले लगे

मीलों के पत्थर
गड़े रहे
बिजली के खंबे
तने रहे

जितने जितने वृक्ष वहां थे
वहीं वहीं सब
अड़े रहे

□

समिधा

यदि मैं
एक कदम अभी
और चलूँ

सूरज को माथे पर रख
दिन का हाथ
पकड़ लूँ

वाणी को आसन दे
मौन रहूँ, व्रत
धर लूँ

शायद तब अपने
बिखरे मन को
अपनी समिधा कर लूँ

धचक गई थी कल जो
पग उसी धरा पे
रख लूँ

□

जड़

काट दिया तरु
क्योंकि

हानि की आशंका थी
घर को,
छत को, उस से

खेला खाया
खूब बढ़ा घर
किन्तु जीर्ण हुई छत
बरखा, सहते-सहते

पूछ रही,
तरुवर क्या तुम,
मुझे
क्षमा कर दोगे ?

मौन रही वह धरती
जिसमें,
कटे तरु की
दुखती जड़ थी
जाने कितने युग से
☐ 30.7.94

भेंट

सोचो कि हम दोनों
मिले हैं
और बड़ी शालीनता से
दो कप चाय
बीच में रख
बैठ गए हैं

अब सोचो
कि हमें

क्या कहना है

पिछला कुछ
उलाहना है ?

अगला कुछ
कल्पित कर
बतलाना है ?

या इसी भेंट में
अलग हो जाना है ?

सोचो न,
क्या कहना है !
□ 8.8.94

रसना

मैंने देखी
हिंसा
कर्षण
महत्वाकांक्षा
तमस
रजस

मैंने सुना
वाचा से,
इतिहासों से
समाचार
पत्रकारों से

मैंने समझा

प्रज्ञा से
सम्प्रेषण से,
संवेदना,
संस्कारों से

किन्तु मुझ को
लिखने योग्य मिला तो
केवल प्यार मिला

अणु का भू से
भू का तन से
तन का मन से

मन का बुद्धि
बुद्धि का वाणी
वाणी का सुधि से—

मेघों का यक्षों से
यक्षों का प्रेयसी से

समिधा का ज्वाला से,
ज्वाला का कण्वों से,
कण्वों का बेटी से,
बेटी का विश्वासों से—
विश्वास मिला

अनबींधे मोती,
अनचाखे मधु,
अनाघ्रात पुष्पों में—
पल पल का उल्लास मिला

कलियुगों में भी
रसना को,

रस में
कालिदास मिला

□

कोई कहता

कोई कहता

खाली हो घर
तो मुझको
बतलाना

कोई कहता
वर अच्छा हो,
योग्य कहीं,
बतलाना

जिस नगरी में
कभी दिवाकर
नभ से न
मिल पाए

उस नगरी तुम पूछ रहे
किस घर का,
किस वर का
पता, बताना ?

□

भूल

पहले औरों ने
तुम से

फिर तूने औरों से,
औरों सा
प्यार किया

धीरे-धीरे आत्मरति कर
पिछला
भूल सुधार किया

अब रातों को
जाग जाग कर,
रोकड़ का
कुल जोड़ किया
□

हाथ

ये तो बस ईंटें हैं
जिनके, मैं इधर
तुम उधर
खड़े हैं

वे दीवारें कहीं और हैं
जिनको हम गढ़
बैठे हैं

लेकिन अच्छा लगता है
इन ईंटों के
पीछे रहना

ये भी न यदि होतीं
किसी रेल के पुल से
गाड़ी नीचे

गिर जाती

किसी तीर के चलने,
पक्षी को
मरने की लाचारी होती

इन हाथों को
जितना धोते,
उतनी रक्तिम लाली होती
□

जीवन

कहने को
कितना कुछ था,

लिखने में
देर लगी थोड़ी,

पढ़ने बैठे
बैठे बैठे
बाँची पोथी पूरी

सहने को बस
सहते,
मरुस्थलों के रहते

जीवन से
जीवन,
दूरी
□

मुझसे यह न कहना

मुझसे यह न कहना,
द्रष्टा होकर सहना,
नियति में
आना जाना

सृष्टि में यदि जन्मों का
सच ही, होता क्रम है
तो क्यों न बतलाती
कहाँ हमें फिर मिलना ?

यदि नहीं तो
छल है,
इस छोटे जीवन में
मन का
मन से बंधना

इस ठगनी आयु का
हर पल हम सबको
ठग ठग,
है बस ठगना
□

निगम-बोध

जब होगा
वह समय सामने
राख आग की करता,

जब होगा वह पल
संज्ञा को

दूर सांस से करता,

शपथ तुम्हें मेरी है,
प्रेयसी, तुम जी लेना—
कल का हाथ पकड़ कर
उसे सखा कर लेना,

सच ही मैं
आऊँगा—कैसे ?
फिर बतलाऊँगा

अभी
मुझे है चलना
□

विश्वास करो

तुम जाते हो, नित्य
मैं रहती

अपनी कटु नियति को
कैसे, सोचो,
सहती

मैं सृष्टि
रचने को बाधित
पल्लव, पुष्पों, द्रुम, बीजों को
रचती,
रचती जाती

जब तुम विलाप करते हो
अपने अपने निजी जनों का

विश्वास करो, होती है
मेरी ही वह पीड़ा
दोहरी

□

रात भर रात

रात भर रात
चुप रही,
दिन ने नहीं बात
दिन से की

चीखते रहे झींगुर
छापाखानों में
दौड़ती रही सड़क पर
सड़क,
बदहवास
बावली

मैंने खोले रखे
दरवाजे सभी,

एक एक
खिड़की

दूर तक
आहट कहीं
कोई नहीं थी

□

पटड़ा

क्या तुम को भी लगता
फूलों की ऋतु
अब बहुत दिनों में आती ?

आती भी है तो
भयमारी वह
बालवधू सी
पटड़े पर बैठी रह जाती

जब तक मैं पहचानूं
जब तक तुम यह जानो

पटड़े पर ही
औंधी,
पड़ी-पड़ी
सो जाती
□ 23.8.94

सर्दी

नीचे उस झाड़ी में
जाने कितनी चिड़िया
क्रीड़ा करती थीं, पिछली सर्दी—
सुबह-सुबह
धीरे से
उड़कर खुली हवा में
खोल पँख, फिर से वे
नीचे आन उतरतीं,

कुछ पत्तों में

बैठे-बैठे
बालों में कंघी करतीं

तुम आ जाते अपने
कमरे से, खड़े-खड़े
खिड़की में दोनों हम,
उनको देखा करते—
खिली धूप के संग
पंख में
रंग चढ़ा करते

हरा, सुनहरी,
पीला, नीला, कुछ काला,
कुछ खाकी

लौट रही सर्दी फिर

लौट रहीं वे,
बाकी की क्रीडा करने

उन से क्या न
कहा किसी ने,
सच ही क्या ये
नहीं जानतीं,
अपनी खिड़की में अब
इस सर्दी मैं
खड़ी अकेली ?
□ 2.9.94

मन

बहुत दिनों से
नहीं लिखा,

बस देखा—

नहीं कहा,
बस सहा—

खेले गए कंचों सा
हर दिन, बिल्लौरी,
तेज तेज बिखरा

खाली झोली
खाली मुट्ठी
खाली मन को,
खाली-मन,

मन, मिला
□

वर ये

कटता जाता
एक एक दिन
माँ
शारदा, तेरे
वर से,
तेरे कर से
झर
एक एक फूल
मेरे मन
बो देता
वन कितने,

तेरे स्वर का

एक एक स्वर—
छूता तन जब
तन में रस के सोते
बहते,

माँ,
वर ये
साँसों के
अंतिम क्षण तक
दे

□

जी दहला

जी दहला
जब सागर देखा,

खोया सा
जलपोत वहाँ था

इतने अतल
अन्धेरे जल में
जाने कब कब
क्या क्या डूबा

□

जन्म वह फिर से दूजा होगा

आँखों से जो
पानी टूटा
गीत अधर से
जब भी फूटा

भर ली अंजुरी
मैंने, समझा,
राम, तुम्हारी
थी वह पूजा
कल न
मिलूँगी मैं
तुमको,

शेष न मेरा
चिह्न होगा
किन्तु जब भी
राम कहोगे
जन्म वह फिर से
दूजा होगा

●

इतने दिन बस
साँसों को
दोहराया

खाया
बस,
खाया

काया थी,
बस
काया

नहीं गगन ने
नहीं पवन ने
नहीं तरु ने
ना ही मन ने

गाया

□

घाट घाट बहते

कितने पानी

गुजर गये
सिर से

कितनी लकड़ी,
धू धू करती
आँच

कितनी अगले दिन
बटुराई,
मुट्ठी मुट्ठी राख

पड़े पड़े
सहते
शिखरों से क्षिप्त
घाट घाट बहते

फेंके जाते यहाँ,
वहाँ गाड़े
जाते

सुन्दर सुडौल
गोरे चिकनाये

पहुंचे जब हरि के द्वार
हरि-द्वार में
लूटे जाते
□

नीड़ मिले न

कितना सब
विस्तार
गगन का,
कितने
छोटे
पाखी
पँख,

ढूँढे से भी
नीड़ मिले न
वन-बीहड़,
तरु-ताल
अनंत
□

फैंटेसी

मैंने घर के सारे दरवाजे
खिड़की, रोशनदान
अलमारी के पल्ले और
संदूकों के ढक्कन खोल दिए हैं

बाहर से आई हवा और धूप के साथ
मैं भी आगन्तुक सी अन्दर आई हूँ,
देख रही हूँ कि ऐसा क्या था जिसने

पैंसीस वर्ष तक
चादर को बिस्तर पर रखा
पटड़े को रसोई घर में,
कुर्सी को बैठक में रखा ?

पर्दों को ब्रैकेट पर
और तस्वीरों को
कीलों पर टांगे रखा ?

मैं सोच रही हूँ क्या सच ही
इतने काल यहाँ यह घर था ?
या कविताओं सा ही कुछ
कल्पित, कुछ फैंटेसी था !

☐ 28.12.94

न कहो निज बात

सुनते कहाँ हैं
जो खड़े रहते हमारे पास,
तुम कवि, उनको सुनाने
न कहो निज बात

कहते चलो कहना तुम्हें जो
पर खगों से ही कहो
ओस से रंजित नुकीले
पात-पल्लव से कहो

आँख में ही खो गया जो
भोर का सपना
उसकी जगाने टेक ही तुम
तान को बुनते रहो

चलते रहो पग एक केवल
भूल यह जाते कहाँ
गीत को भी शब्द दे, तुम
पृष्ठ पर, छोड़ो वहाँ

हैं कहीं क्या वह जिसे
कह लें कि बंधु, मैं यहाँ— मैं यहाँ ?

□

कुछ जमा जोड़ है

मैं तो अक्सर चुप ही रहती हूँ
पर मुझमें वह क्या है
जो गाने लगता
बातें करता
जाने कहाँ-कहाँ ले जाता—
जंगल, नदियों, तालाब, घाटियों तक
पर्वत की चोटी से ताजमहल तक
बचपन की पाठशाला से
अस्पताल तक
महानगर के बाजारों से
गांव-खेत-पोखर तक

इसका मुझसे क्या नाता है ?

जब यह चुप होता है
मैं क्यों विचलित होती हूँ
और जब यह गाता है
क्यों भौंचक्की रह जाती हूँ
जैसे कुछ उन्माद जनित
कुछ क्षत विक्षत है
तो क्या मैं इसकी
बस वाहक हूँ ?

यह मुझमें जी कर भी
बिन मेरे जीता है

पर इससे अलग छिटक कर
मैं कठियाती हूँ

क्या यह वह है जिसको मैं
बस संचय कर लाई
किसी जन्म से
या यह वह है जो मैंने
जीना चाहा इस काया से आगे

या यह इन दोनों का,
नहीं ! तीनों का—
अगले पिछले और इस जीवन का
कुछ जमा जोड़ है
छिलके के भीतर का
छिलका है
परतों के भीतर की
कोई परत है

महाकाल की निर्ममता में
विचलित कोई दरक है !

जिह्वा है वायु की
अग्नि का लपनम् है
पानी के भीतर का शेषनाग
अम्बर का फलकम् है ?
□

छोड़ मन साथ

छोड़ नहीं मन साथ तू
बहुत मोहिनी घड़ी है

था कहीं जो दूर कल तक
पास है वह लक्ष्य भी

ज्वर को सर में सँभाले
गा रही है टिट्टिभी

जा रही है रात धीरे
आ रही नभ लालिमा सी

गा कि तुझ में वाग्देवी
का अभी उन्मेष है

गा कि तुझको अंजुरी में
शब्द भरना शेष है

भूल जा वह दंश उर को
मिल रहा जो आज है

चल कि जब तक वक्ष की
इस धौकनी में सांस है

हाथ पर रख हाथ अपना
वंदना सबसे बड़ी है
छोड़ नहीं मन साथ तू—
बहुत मोहिनी घड़ी है
□ 15.3.95

कुछ भी कहाँ

कुछ भी कहाँ
सही
होता है।

जब तक जानें
यह अपना है,
अपना नहीं
वहीं होता है

कुछ भी कहाँ
सही
होता है।

ये दरगाहें
मंदिर-मस्जिद
कर फरियाद
चला मुरादी

जब तक दाता
फल दे सुनकर
कोई चिता,
कोई कब्र सोता है

कुछ भी कहाँ
सही
होता है।
हाँ, मन में आई,
बात कही तो
सुख उससे नहीं
बड़ा होता है
कुछ भी कहाँ
सही
होता है
□ 27.8.94

वहीं खड़े रहने दो

वृक्ष खड़े हैं जहाँ कहीं भी
वहीं खड़े रहने दो

कौआ करता है चुगली
जिस जिस भी भाषा में
करने दो

अच्छा है छाया को
पंख नहीं हैं
अच्छा है कौए के हाथों
शंख नहीं हैं

यह घड़ी बड़ी बटमार
सदा नहीं
ऐसी होगी

किन्तु वृक्ष-वक्ष में
बहती सलिला
हर क्षण होगी

जीवन स्वयं ही लेता
इतना तो
निर्णय ही

कौन चलेगा
और कहाँ तक
कौन चटक कर
कौन तड़क कर
ढह लेगा
रण छिड़ते ही

कौआ करता
चुगली जितनी
तुम उसको
करने दो

वृक्ष खड़े हैं जहाँ कहीं भी
वहीं खड़े रहने दो
□ 3.10.94

सूत्रधार सोते हैं

(मई-जून 1994)

इसी तरह

तुम मेरी
किस-किस
अनुभूति में
बंद हो

मेरी कितनी
कविता में
नव छंद हो

तुम
इसी तरह से
रहो सदा

फूल
फूल
मकरंद हो
□ 20.6.94

किसी-किसी दिन

किसी-किसी दिन सृष्टि
अपने बाजू पसार कर

भेंट लेती है पूरा

कैसा नरम सुवासित वह
आलिंगन होता है धरा के
वक्ष का,

कैसा निर्दोष घास का
पन्नग बिछौना,
चहुँ खूँट वृक्षों पे
नीली मसहरी तना,

कैसी बधाई गाती हैं
वनदेवी सभी
कैसी-कैसी नदी में
नहा आता है मन छौना
☐ 14.6.94

श्रृंखला

तुम मेरे सम्पुट कर में
वह उज्ज्वलता हो
जिसे पारखी
मुक्ता कह कर
आँकते हैं,

तुम मेरे समस्त
व्यक्तित्व में
प्रवाहित वह विद्युत हो
जिसे तापसी
ज्ञान मानते हैं

तुम मेरे बाद बचा रह जाने वाला

मेरा वह सत्व हो
जिसे परम्परा में
लोग श्रृंखला
जानते हैं
☐ 20.6.94

सोचो, यदि तुम

सोचो, यदि तुम
पास न हो,
यह खिड़की-भर
आकाश न हो,

हर अक्षर में
आँख न हो,
इस गुनगुन में
आवाज न हो,

सोचो,
क्या सांस में तब,
आती-जाती सांस हो ?
☐ 14.6.94

नहीं जानती

नहीं जानती
कौन किसको
कितना चाहता है

नहीं जानती
चाहने का

अन्त क्या होता है,

जानती हूँ
धूप का
कमल से
कुछ तो नाता है,

जानती हूँ
धूप में कमल,
कब धूप
हो जाता है
☐ 14.6.94

कि जहाँ कुछ भी

कि जहाँ कुछ भी
नहीं रह जाता,
न अटारी,
न चौबारा,
न सत्ता
न शासक,
न कबीला,
न सरदार

वहाँ किसी अनाम का
अनाम के नाम
लिखा रह जाता—

शिला पर,
वृक्ष पर,
पृष्ठ पर—

शब्द एक,
प्यार

□ 16.6.94

कहना, प्रिय

जो मुझको
मेरे लगते,
जो मुझको
अपना
कहते,

उनसे रसमय
अर्थवान
जीवन का हर
पल,

पर जो मैं हूँ
वह क्या हूँ—
जान चुकी
जिसमें ढल,

वह उन्माद-भरा कल,
कहना प्रिय,
क्या होगा
कल ?

□ 13.6.94

उत्सव

यह उत्सव तो
प्रकृति का है

हम तो
वह वादी हैं
ओ हरे-भरे
सूरज का सोना बिखरे
दिन देख,
बज आये हैं,

बज
आये,
बस !

☐ 12.6.94

अँधियारे में भोर तक

इस धरती से
उस धरती के
छोर तक,

अपनी अनुभूति
की कोर तक,

इतनी भाषाओं के
शोर तक,

मैं जली
देखने तुमको
अँधियारे में
भोर तक

☐ 29.6.94

शंपा

वह अप्रत्याशित
पल
मेरा—

शंपा का टूट,
तरुवर को चूम,
फिर
अम्बर को
फेरा !

☐ 11.6.94

हर साँस में

हर साँस में
तुम,
हर साँस में
कविता

यह कविता

तुम्हारी
या मेरी है
कविता ?

यदि नींद
अवश न करती
और हाथ
व लेखनी में
अँधेरों की दूरी
नहीं होती

तो सच मानना
तुम्हारी ये कविताएं
बहुत-सी
और भी होतीं—
वे सब भी
जो आक की रूई-सी
मेरी अर्धचेतना
से फिसल कर
उड़ जाती हैं
और उड़ते-उड़ते
रेशा-रेशा ही
दो-चार पंक्ति
हाथ आती हैं
□ 28.5.96

मुक्ति

इन दूरियों के
छोर पर भी
तुम हो
और दूरियाँ लाँघ कर
आये भी तुम हो

पास और दूर के
दो पाट में बँटी,
चेतना,
संतुलन की
युक्ति खोजती है,
जहाँ तुम, मैं
और मैं, तुम हों,

वह मुक्ति
खोजती है

☐ 30.6.94

कथनी

इतने बड़े अम्बु में
यह एक बूँद
अपनी,

इतना सब संसार, यहाँ
छोटी मेरी
कथनी,
कैसे बचे,
बचा पाऊँगी ?

तुम को जाना दूर

मेरी शायद
रात यहीं,

सम्भव हो तो
ले जाना,
मुट्ठी में यह बूँद,
उर पर
लिख कर
कही-सुनी
☐

सोचा था

सोचा था
अब
नहीं मिलेंगे
सपनों तक में—

देखो, कितने
सपने खिले,

कितने
कितने,
दोपहरी के फूलों-से
रंग,
रिले-मिले
□

कल न जाने हो न कल

अंक में आ,
प्यार
कर लूँ

कल न जाने
हो न
कल,
और बेकल
कर
न उर को,
त्राण दे पल
एक, दो पल
आ गले लग

जा,
गले लग,
आ
□ 14.7.80

चम्पई चम्पा

चम्पई चम्पा,
खिले,
झरे, वन
महके

लहके मन में
लहर-लहर,
शब्दों के
झरने
बहके

मेरे लिए
प्रभु मेरे ने,
मेरे सपनों से भी ज्यादा—

बड़े चुने
सब सपने
□ 22.6.94

यदि नहीं

क्या इन सन्नाटों ने तुमसे
कुछ भी नहीं कहा,
यह भी नहीं कि

किस श्वास पर
लिखा है नाम किसका ?

क्या इन बोलती हवाओं ने
कुछ भी नहीं कहा,
यह भी नहीं कि
आहट पे किसकी

धरा है कान किसका ?

यदि नहीं,
तो मैं ही
बतला सकूँगी क्या,
मेरे प्रमाद में व्यंजना,
सायास, मौन है

□ 17.6.94

लेना मत नाम

कितनी थोड़ी,
थोड़ी,
थोड़ी,
देर बची है
फूलों की ऋतु
आने में,

जाने में
चूल्हे-से दिन,
जलती-भट्टी-
जैसी रात,

कल जब

उठोगे सोकर तुम,
वृक्षों पर होगा
मल्हार

साँझ ढले तक,

पूरी सृष्टि
पानी-पानी
पानी-पानी
हो जायेगी—
लेकिन चुप !
रहना चुप,
लेना मत
नाम !
□ 27.5.94

वृष्टि

यह जो लहरा-सा गया है
सरोवर—
आता है कहाँ से,
और किसी दिन
चुपचाप
चला जायेगा कहाँ—
काश, मैं जानती

मुझे तो यही याद है
कि बहुत काल से
खड़ी थी जहाँ
न तरलता थी
न वृष्टि

तो वह क्या था—
मेरी कोई प्रार्थना ?

कोई मौन आवाहन ? जिसे
स्वीकार कर लिया सागर ने और

भीगने लगे पैर
फिर टखने, फिर घुटने
यह जल अब है हर ओर

केवल मेरी साँस,
मेरी आँख
बची है ऊपर
सतह के

□ 23.5.94

कहो, क्या चल पड़े वापिस

मैं यहाँ पर,
तुम कहीं,
रहने को लाचार,
जरूरी काम थे
दो-चार

मगर क्यों रास्ते कल से
बड़े सरपट
बहुत बेचैन,
खुला जाता-सा
घर का द्वार—

कहो क्या
चल पड़े वापिस,

बिना भेजे
कोई चिट्ठी,
बिना डाले
कहीं से तार ?

☐ 2.6.94

तुम कल लौट आये

तुम कल लौट आये
और अब इतने निकट हो
कि केवल हाथ बढ़ाने से
तुम्हें छू लिया जा सकता है,

यह क्या कम है ?

यह आकाश
तुम्हारी खिड़की से
मेरी खिड़की तक
रेशमी चादर-सा तना है

यह क्या कम है ?

इस वायु को
मैं जहाँ से भी
अपने अन्दर खींच लूँगी
वहीं से वह तुम्हारी सुवास है

यह क्या कम है ?

सच ही यह कम नहीं

कि तुम हो,

भले बात न हो
कभी बैठने का
सुयोग न हो,

तो न हो।

□ 15.6.94

देखो तो, किन्तु

यद्यपि कविता
और कविता में जो कुछ कहा,
किसी के
किसी भी काम का नहीं होता,

पर मैं कह रही हूँ
तुम से, प्रिय,
कि जेठ जितना तपना था
तप चुका,
झुलस चुके
फूलों के मृदु हृदय
अपराह्न से पहले,
जल-जल कर नदिया का जल
रपटीला कीच हुआ,

देखो तो, किन्तु
मेघ घिरे फिर
यहाँ वहाँ तक क्षितिज जहाँ
फूलों के नीचे छिपा-छिपा
कलियों का दल,

सद्य-स्नात शिखरों से
अभी-अभी,

शैल-सुता
चलने को उद्यत
☐ 7.6.94

कहने को जब होगा कुछ

कहने को
जब होगा कुछ,
आ जायेंगे—

वृक्षों में ज्यों
आते फूल,
फल आने से पहले-

सब अर्थ
मेरे शब्दों में

गाने को
जब होगा कुछ,
आ जायेंगे—

नभ में आते
पंछी ज्यों,
ग्रीष्म के आने से—

लय, सुर, ताल

मेरे बोलों में
जीने को
जब होगा कुछ
आ जायेंगे—

संध्या में आते ज्यों
खद्योत बहुत से
वन में

सन्दर्भ समर्पण के कुछ,
संसार मेरे सूने में
□ 22.5.94

यह जो कुछ भी

यह जो कुछ भी
हाथ आया,
कितने वर्षों
बाद आया

इस हाथ आये का,
किन बिम्बों में
अर्थ बताऊँ ?

मेरा हर अक्षत,
मन्दिर से,
अक्षर होकर
लौट रहा

मेरे प्रभु का

हर भाल तिलक,
मुझ में
श्रीखंड
घोल रहा
□ 2.5.94

गाहे-बगाहे

गाहे-बगाहे ये जो आते-जाते हैं
तुम्हारे अनगिन एहसास,
इन्हें न दीवारें रोक पाती हैं
न ही कोई ड्योढ़ी, द्वार

यदि इनकी सूची बनाऊँ
तो कहाँ से आरम्भ करूँ
क्या-क्या गिनवाऊँ

तन्द्रिल सुबह में कौंध जाती है
एक नीलाभ उजास
चौखट पर खड़ा रहता है
एक सुन्दर दिवस, भरे उल्लास

पूजा का सब सामान
सज जाता है अपने आप,
मेरे दोनों हाथों के साथ
हर अर्चना में होते हैं
तुम्हारे जुड़े हाथ

फिर दिन-भर चेतना का जितना भी

भीतर से बाहर
या बाहर से आत्मा के अन्तिम सोपान तक
होता है आर-जार,

उस सबमें तुम
रहते हो कभी पहिये-सा घूमते
कभी होते हो वह धुरी
जिस पर घूमता है पहिये का चाक
भाषा की सीमा में

कैसे चित्रित करूँ तुम्हें

अन्तत: तुम
मुझसे जुड़े,
हो तो
बस नाम !

□ 16.6.94

यदि चाहने से कुछ भी होता

यदि चाहने से
कुछ भी होता
सोचो, तुम्हारे लिए
मैंने क्या-क्या
चुना होता—

एक शिखर
धवल, मन्दिर का
सुवर्ण कलश से
जड़ा

एक वृक्ष
मंदार, विशाल
धरती तक फूलों से
लदा

एक द्वार
स्वागत में,
थाली-भर ले दीप
खड़ा

यदि चाहने से

कुछ भी होता,
यह पूरा
भूगोल
हमारे बीच
नहीं होता
अभिव्यक्तियों का वर्ष,
कुल मास-
दो-मास में ढल गया
नहीं होता

मेरे भीतर उमड़ता, हहराता
हर शब्द,
नावक-तीर-सा चुभा
नहीं होता

●

यदि चाहने से
कुछ भी होता
तो यही होता

कि किसी रास्ते पर
'रास्ता बन्द है' का बोर्ड
लगा होता

डायरी में
टेलीफोन का कोई नम्बर
स्याही से
पुता होता,
सजाई या छुपाकर रखी तस्वीर का
छोटे-से-छोटा टुकड़ा, फिर
और भी छोटा
फटा होता

□ 4.6.94

धूप

धूप
माटी के ढेले पर चमकी
ढेला-ढेला रहा,
धूप ने
मणि को छुआ,
भीतर से बाहर सब
धूप हुआ

भोली थी धूप
पढ़े-पढ़ाये को
बैठी सच मान—

ढूँढते-ढूँढते मणि को,

ढेलों में
घुट गये
उसके प्राण

□ 16.6.94

भूलती जा रही हूँ

धीरे-धीरे भूलती जा रही हूँ
कि सुबह-सुबह
चिड़ियों को आना था,
गाना गाने
दाना खाने

भूलती जा रही हूँ
फूलों के खिलने
ऋतुओं के बदलने

भूलती जा रही हूँ
कि भूलती
जा रही हूँ
कल तक के सारे
कल अपने

□ 2.6.94

वह और बात है

तुम्हारे इतने बड़े
मरुस्थल में

क्या एक ओक
पानी नहीं ?

सिर्फ रेत है
बावली
इधर-से-उधर
दौड़ती ?

अवश्य यहीं कहीं
सुरक्षित होगी
वनस्पति,
होगा जल,
जलचर भी—

वह और बात है कि
तुम
वहाँ से भी
लौट आओ
खाली-के-खाली

□ 2.6.94

कुछ तो लगे अच्छा

कुछ तो लगे अच्छा
जिस दिन
कुछ भी
अच्छा नहीं लगता

कटे तो

घड़ी-दो-घड़ी दिन
जिस दिन
दिन नहीं कटता

ये गूंगी जीभ
कुछ बोले,
यह बहरा कान

कुछ सुनता
□ 6.6.94

सावन

एक परत
आकाश
गिरा
बादल

नम
हो गया
तन

धीरे-धीरे

साथ धरा के
गाये मन,
सावन
☐ 9.6.94

अक्षर

वाचा में
परिभाषा

शब्दों में
गढ़
रूप मुखर,

अक्षर को
साँसों से
पीते,

इतने
भाषाहीन
जगत में,

तुम ही कहो,
अब
कैसे जीते ?
☐ 19.5.94

अता-पता

जब उन्होंने
मुझसे पूछा

तुम्हारा नाम,
तुम्हारा काम

तो क्या मैं उन्हें
कह देती
जो कविता मैंने
अभी-अभी लिखी
बस, उतना ही है
मुझे, तुम्हारा
अता-पता ?

और यदि
वर्ष-दो वर्ष बाद
फिर से यही प्रश्न
पूछेंगे वे—

तो भी शायद
मैं बतला पाऊँगी
केवल इतना,
कि तुम्हारे लिए
लिखी मैंने, कब-कब
कौन-सी
कविता
☐ 1.6.94

मेरे घर का रास्ता

यदि तुम्हारे पास ही हूँ
तो पास आकर,
करूँगी क्या

यदि तुम दूर हो कहीं

तो दूर रहने में ही
अपना भला,

वह और बात है
कि सुबह से ही
दौड़ने लगता है
तुम्हारी ओर
मेरे घर का रास्ता

□ 18.6.94

घंटे के बाद, हर घंटे

रात फिर उतनी बीत गई
जितनी बीत जाती है
हर रात,
नींद को टालते
अपने भीतर
उस सूत्र को खोजते
जो खोया तो नहीं, पर जिसके
खो जाने का भय
रखता है आँख को खुली
घंटे के बाद,
हर घंटे

कैसे वे सम्बन्ध
होते होंगे
जो भय से परे
पूरे अभय में

एक-दूसरे के रहते बने ?

□ 14.6.94

गहरी काली रात हुई

इस-उस ने बतलाया
तुम आये
बैठे,
बात हुई

इस बतलाये
गये हुए को भी
दिन
छः
सात, हुए

मेरे घर
न कागा बोला
साँकल बोली,
न कोई
पदचाप हुई,

धीरे-धीरे
गहराकर,
गहरी
काली रात हुई
□ 21.6.94

अब मैं

अब मैं कुछ
नये ढंग से
सोचना शुरू करूँगी,

क्योंकि

कल
तुम चले गये
और मेरे शब्दों का
अहंकार भी

अपने साथ
अकेले
इस तंग गुफा में
रह तो रही हूँ
पर रहूँगी नहीं
सदा

जीवन जैसा भी हो
स्वीकार मुझे
एक अस्वीकार बस,
नारी में,
नायिका खण्डिता
☐ 28.6.94

मैं यह नहीं कहती

मैं यह नहीं कहती
कि तुम्हारे संग जो संसार
मेरा था, उसमें
वह रस नहीं
जो कहीं और नहीं

वह सुख और आग नहीं
जो कहीं और नहीं

वह प्रतीक्षा और उतावलापन नहीं
जो कहीं भी

और नहीं—

अब अकेले, इस छोटी परिधि के जीवन में
मेरे पास
क्या-क्या है
इसकी गणना करवाना
मैं सर्वथा जरूरी
नहीं समझती
□ 12.6.94

क्या यह कविता

मुझे विश्वास है कि मैं
तुम्हें लगभग भूल गई हूँ

क्योंकि
सुबह सोकर जब उठती हूँ
तो ऐसे चौंककर नहीं उठती
जैसे कुछ होने वाला हो
या होना चाहिए था

दिन में भी
बार-बार
अकारण दृष्टि
सड़क की ओर नहीं दौड़ती

टेलीफोन की हर घंटी पर
कोई गेंद-सी उछलकर
गले में नहीं
फँसती

यहाँ तक कि

आगन्तुकों से अब
वार्तालाप भी कर लेती हूँ
पहले की तरह बस
'हाँ', 'हूँ' नहीं करती

अगर मैं तुम्हें
भूली नहीं होती,
तो सोचो, क्या यह कविता
लिखी गई होती ?

□ 11.6.96

वचन

जिसने दिया,
मोतियों में
तोल दिया

जिसने लिया,
रक्त
बूंद-बूंद लिया

किसने दिया
किसने लिया
यह बहीखातों की बात

तुम मिलोगे जब मुझे,
आज, कल, या
किसी युग में
मोतियों के बाट होंगे
हर तुला के पाट,

मैंने वचन
दिया
□ 19.6.94

यूँ तो कभी

यूँ तो कभी
कोई कमी

होती नहीं पूरी
घर मिला
तो छत नहीं,
छत मिली तो
द्वार से
साँकल गई

पथ मिला
तो गाँव भूला,
गाँव पहुंचे
पता मिले न

पर रुका कब
एक पल को
भर चला जो
हाट,
मेला

रो अकेला
हो अकेला
जो अकेला

दिन गया

संझा चली,
प्रात में बस
रात की
दूरी

□ 22.6.94

जब मुझे

जब मुझे
कुछ भी
दिखाई नहीं देता था—
न वृक्ष
न डाली
न पत्ते
बस दिखाई देती थी
चिड़िया की आँख
दिखाई देते थे तुम,

जब मैं तुम्हारे सामने
खड़ी रही
वध्य
नितान्त, बिना कवच
अपनी झोली के एक-एक
भीने पुष्प को
तुम्हारे लिए बीनती,
अपने बोलों के
हर बोल में
तुम्हारे लिए
मंगल-मंगल
टेरती,
तुमने मुझे देखा नहीं

हाँ,
देखा यह कि

तुम्हारे बहुत सारे
प्रयोजनों की भीड़ में
एक निष्प्रयोजन मैं
आस-पास
खड़ी तो नहीं—
बड़ी झेंप थी
उन दिनों तुम्हें
कि जिसे तुम
कुछ भी
गिनते नहीं
बड़े-बड़ों की पाँत में
वह क्यों छाया-सी
चलती है,
आगे
कभी पीछे

कल बहुत वर्ष बाद
हम दोनों फिर से मिले
भीड़-भाड़ में
हुए आमने-सामने

मैंने देखा वृक्ष,
वृक्ष का विशाल डाली प्रसार,
डाली के हरे-भरे पत्ते,
इसके अतिरिक्त
क्या था वहाँ
जो मुझे
दिखा नहीं ?

□ 2.6.94

मैंने तुम्हें नहीं

मैंने तुम्हें नहीं
उस कवि को आवाज दी थी
जो तुम्हारी कविताओं में
मुझको मिला

मैं नहीं जानती थी
कि कविता अलग होती है
और लिखने वाला अलग,
कि आवाज जिसे देते हैं,
और जो आवाज सुनकर
आता है,
वे दोनों
होते हैं अलग-अलग

मैं अपनी भूल को
स्वयं स्वीकार करती हूँ,
और दण्ड में
अपने अन्त के
अन्तिम क्षण तक
एकान्त का ही फिर से,
वरण करती हूँ
□ 6.6.94

बस छोटे-छोटे

बस छोटे-छोटे
जीवन के इतिहास यहाँ

सीमाएं सब सीमित
यदा-कदा खुल जाता कुछ तो

खुल जाती
छोटी खिड़की

निज-निर्मित दीवारों में
सब आयु , सबकी
सब दिन
बन्दी रहकर कटती
□ 21.6.94

करवट-करवट रैन

यह बरखा के बाद
उसम की,
करवट-करवट
रैन

खोली खिड़की,
लाँघी
चौखट,
पल को नहीं
पर चैन

पियरवा गये कहाँ—
कित भरमे,
ले गये
नीके
बैन
□ 10.6.94

जब तक चिड़िया को

जब तक चिड़िया को
अपना वह,
खेत पुराना
याद आया

कांटों में खोया,
बिन बोया,
खेत विराना था,

चिड़िया का आंसू क्या
कांटे के गड़ने
का था,

या दाने के
न होने से
उसका जी-सा
घबराया ?

□ 30.8.94

धीरे-धीरे जा तो रही थी

धीरे-धीरे जा तो रही थी
दृष्टि
पर अँधेरों में
इतना अँधेरा होगा
मैंने कभी सोचा नहीं

हाथ से गया हाथ,
पाँव् भयभीत
उठता नहीं

कमर टिकी
स्मृति की चौखट,
आँखें कसकर बंद
जब आँख से कुछ
दिखता नहीं

तुम कहते हो कल
लौटा दोगे
मेरी सुगंध,
श्रृंगार,
मेरे रास्ते, और भी वह सब
जो तुम नहीं
अन्य कोई ले गया—

प्रकृति का यह कैसा
व्यकलन विचित्र,

लेन कहीं का,
देन कहीं

☐ 7.6.94

कुछ भी कहना नहीं था

कुछ भी कहना नहीं था मुझे
तुमसे
या अन्य किसी से

सच पूछो तो
कुछ कहा भी नहीं मैंने,
उस घूँट-घूँट पिये जाते,
पूरे एक घंटे

मैं सोचती रही
क्या रह तो नहीं गया
जिसे कह देना चाहिए था
मुझे तुमसे
उस समय
या कभी बहुत पहले ?

मैं वापिस पहुँच गई हूँ घर
जहाँ कुछ फैसलों को,
मेरी प्रतीक्षा थी, जैसे—
शाम के खाने में
सब्जी क्या बनेगी,
टी०वी० पर कौन-सा
सीरियल देखा जायेगा

तुम भी तो अब तक
पहुँच गये होगे, जहाँ
तुम्हें जाना था किसी
सभा में—

हाँ, वहीं बैठी होगी
वह शाम अभी—
खाली गिलासों के बीच
सोचती,
कहाँ जाऊँ यहाँ से
अकेली अब
रात में ?

□ 3.6.94

अमर्ष

हम दोनों
एक-दूसरे के

कुछ नहीं,

यह कुछ नहीं
हुए भी
बरस
दसेक हुए

पर आज जब
फिर उसी मधु-सने
स्वर में

तुमने कहा,
'मुझे तुम्हारी
याद आई,'

तो वह क्या था—
अमर्ष
या आत्म-हनन,
जिसने मेरी
ईंट-ईंट
कर दी ?
□ 24.6.94

कवि की कल्पना नहीं

रविवार, ५ जून, १९९४
जिला गुड़गाँव, तहसील
बादशाहपुर,
गाँव भौड़सी
दिन का तापमान ४६ डिग्री सेल्सियस

अरावली पहाड़ी की गोद

धूप में चिलचिलाता
एक निर्जन खेत,
खेत के सिरे किसी गाँववाले की
गोल छतरीवाली
देहाती ढंग से बनी
४ × ४ फुट
की सफेद समाधि

समाधि के ठीक
बीचोंबीच,
(विश्वास कीजिये, कवि की कल्पना नहीं)
बैठा टिटिहरी युगल
चोंच में चोंच लिये,
पास से गुजरती मेरी गाड़ी से
सर्वथा बिना चौंके
एक-दूसरे में पूर्णतः लीन

प्रकृति का यह सहज विलास,
यह निरंतर
क्रीड़ा रति की
कोई घटना या
दुर्घटना नहीं थी
पर उस दिन
मेरे किसी मुख्य पृष्ठ पर
पूरी-की-पूरी छपी
☐ 5.6.94

खंडहरों के पक्षी

खंडहरों के पक्षी,
खंडहरों की

श्वास होते हैं,
तब तक नहीं मरता
खंडहर
जब तक
पक्षी उसमें जीते हैं—

गाते हैं
सुबह भैरवी
दिन में लाते
भर खेत चोंच,
निशि में
पिछले
दिन की कथा सुना
सूत्रधार,
सोते हैं

अब यह बतलाना
बहुत कठिन है
कि पहले पक्षी
कूच कर जाते,
या पहले
खंडहर मरते हैं
☐ 9.6.94

कहना क्या है

कहने को तो, भाई, कहना,
कहना क्या है

जीने में
जीने को

सहना क्या है

हर एक बँधा
अपने-अपने खूँटे,
यह बार-बार

पशु का,
रंभाना क्या है

□ 28.6.94

बहुत छोटी कहानी है

बहुत छोटी कहानी है
सुनानी है
सुनानी है

सुनी होगी
यह पहले भी
पुरानी है
पुरानी है-

एक चिड़िया
आई,
और एक दाना
ले गई

फिर ?

एक चिड़िया आई
एक और
दाना ले गई

फिर ?

फिर एक चिड़िया
आई,
और एक दाना
ले गई

बहुत छोटी
पुरानी भी,
सुनी जाकर
कहानी भी
जो बतलाती है
सच्चाई—

बतानी है
बतानी है
□ 1.6.94

यदि मैं

यदि मैं
चुप रहने लगूँ,
जो कहना है
बिना कहे, कहूँ

तो मेरी पटिया पर
फिर से लेखनी
लिखने लगेगी
सुन्दर, सुडौल
अक्षर

बंद हो जायेंगे

बजने

टन-टन
घंटों पर
घंटे,
रुकी नहीं होगी
गाड़ी कोई
दरवाजे पर,
जल्दी करो
जल्दी,
कहती
सारी उथल-पुथल
सो जायेंगी
मेरे अन्दर,
जैसे सोती है
कुमुदिनी,
आधा दिन और
पूरी रात भर
□ 2.6.94

मेरी कविता यदि

मेरी कविता यदि
चित्र नहीं

मेरे शब्द
नहीं पहचान

मेरी कथनी
नहीं अर्थवान

मेरा जिक्र

नहीं छापो

गिनती में
गिनवाओ मत
नाम

☐ 15.6.94

मैं गाऊँगी

मुझे जन-जन नहीं
मन से काम

नर से नहीं
नारायण से काम

जिस जन
मन नहीं,

जिस नर नहीं
नारायण

बन्धु, मुझे
उनका पता दो

मैं गाऊँगी
उनका भी गान

☐ 23.6.94

श्री :

मुझको इतना दिया, माँ
मैंने फिर भी और-

और का
हठ किया

दोनों हाथों से
भर-भर ले,
फिर वापिस पल्ला
पसार लिया

पर देखो न,
इस लेने-देने ने
हम दोनों में
कैसा अदोष
सम्बन्ध गढ़ा
मेरे चेतन ने, अपने
हर चेतन क्षण पर
श्री: श्री: रचा लिया
☐ 11.6.94

कविता

अर्थों के मर्म बींध-बींध
कवि जिसके लिए कविता लिखता है
वह क्यों स्वयं कवि नहीं होता,

शब्द-पारखी, शब्द-धनी ?

क्यों कविता कवि के सम्बोधित को
होती है उपहार बस—
जैसे बालों की वेणी,
कानों का सुवर्ण फूल,
कांधे की रेशम साड़ी—
पहनी तो पहनी

नहीं तहा कर रख दी ?

कविता जिसके लिए रची
यदि वह भी होता कवि
सोचो, कैसी अद्‌भुत सृष्टि होती—

धारा से धारा मिलती
दो उल्काएं गिर टकरातीं
ध्वनि ही प्रतिध्वनि हो जाती
वह गाता,
मैं गाती

मैं गाती. . .मैं गाती
□ 10.5.94

बाद ग़ालिब के

बाद ग़ालिब के
गालिब के घर से
यह सामान निकला—

कुछ हसीनों के खत

कुछ तस्वीरे बुतां

बाद अपने
सोचती हूँ,
घर से मेरे
निकलेगा क्या—

एक तख्ती
अधूरी लिखी,

एक कलम
स्याही से
पूरी सनी

☐ 13.6.94

एक छोटी कविता ?

इस नये कोरे पृष्ठ के
भाग्य में
क्या है ?

कुछ आड़ी-तिरछी रेखाएं
यह कहतीं
कि दिन बड़ी मुश्किल से
गुजरा ?

कुछ पंक्ति
आधी-अधूरी
यह बतलातीं
कि बात वहीं उलझी है

जहाँ उलझी थी ?

या कि साफ-सुथरी,
नहर-सी सधी
बिना उतार-चढ़ाव के बहती
एक छोटी कविता ?

☐ 13.6.94

शब्द

शब्द : शब्द है—
शब्द जाल

शब्द काल की
कुटिल चाल
अर्थ शब्द में,
शब्द अर्थ में,

शब्द यदि
पुण्यों का सार,

शब्द वार क्यों
उर में
शर-सम,
पूरा-पूरा
उर के
पार ?
□ 20.6.94

यह मौन बताये कैसे

अन्धे को अंधा
आँखें दे दे कैसे

प्यासे को प्यासा
पानी ला दे कैसे

खाली कर से
खाली कर,
झोली भर दे कैसे

तुम क्या हो
जब तुमको,
कह न पाई कविता,

इतने बहरे जग को
यह मौन बताये कैसे

☐ 22.6.94

तृषा

कविता मुझमें
तृषा-
गहरी
सरिता की,

लहर-लहर
चलती,

शब्द
शब्द
तिरती,

नहीं छपास
चुल्लू से
चुल्लू पी-पी
मरती

☐ 19.6.94

कैसे-कैसे लोग गये

कैसे-कैसे लोग गये
मैं ही रहूँगी क्या,

क्या उनको मिल पाया
मैं ले लूँगी क्या,

लेकिन उनके गीत पुरे
मेरे अपने गीतों में,

जिन गीतों में मेरे गीत
मानक से जड़ जायेंगे,

यह जन्म किया सारा-का-सारा

उन गीतों के नाम
□ 23.6.94

शपथ

जब तक है नीम का एक भी वृक्ष
औषध गन्धी, बारीक सौंफ से पीले,
फूलों की चादरें बिछाता,

जब तक है एक भी कुएँ पर
चिर्र चिर्र रहट का संगीत,

जब तक है एक भी जल-धारा
शिला के सरस वक्ष पर बहती,

हर निरर्थकता के बोध से
जीवन की हर विवशता, हार से
बिना हारे
बिना स्वीकारे कि अब
और नहीं,
केवल इन बोलते
लहर लहर आते शब्दों के सहारे
चलूँ, भले अकेले

मैंने शपथ ली,
मां , भगवती
□ 12.5.94

गठबन्ध

वह तुम्हारा हो

उसका
या मेरा,

जिस कण्ठ से
फूटी कविता

छन्दों में छन्दों ने
कहना सीखा,
चितवन से लय ने
बहना सीखा,
अर्थों ने उर से
रहना सीखा,

उस हर एक कण्ठ में
सरस्वती का वास हुआ

जिन हाथों ने
लेखनी ले ली—

अक्षर-से-अक्षर का
अनुबंध हुआ,

अक्षर-से-अक्षर का
प्रणय हुआ,

अक्षर-से-अक्षर मिल
ग्रंथ हुआ,

वहीं उन्हीं हाथों से
वाणी का गठबंध हुआ—

तुम्हारा

उसका

और मेरा

☐ 19.6.94

मुझसे बड़े तुम

मुझसे बड़े तुम,
तुमसे मेरे गीत,
गीतों से सृष्टि,
सृष्टि से नारायण—

यों मुझसे
नारायण तक
बहता,
कहता
हर एक शब्द
प्रभु का मुझसे क्या
नाता

☐ 23.6.94

कातर-बेला

(मई 1994)

बैसाख

बहुत दिनों में खिड़की खोली
कोयल की आवाज सुनी जब,
ऐनक बन्द फाइल पर रख दी

अपने उस छोटे अँकुर पल में
तुमको ही कमरे में पाकर
तुम्हारे नाम
खुली यह चिट्ठी लिख दी
☐ 4.5.94

तुम्हें जिस रूप में पाया है

तुम्हें जिस रूप में पाया है
मेरे प्रभु की ही माया है

मकरंद है मेरी समस्त ऋतु का
उत्संव—
जिजीविषा
आस्था का

तुमको कैसे अपना लूँ
बिलगाऊँ

अणु-अणु तो
तुमसे रंग आया है ।

□

वीणा

जब तक इस वीणा में स्वर है
जब तक है साँसों का आना-जाना
सुनते रहना, भले दूर से
हर गायन में
अपना गाना

क्या तुम मुझको दे दोगे
क्या मैं तुमसे माँगूँ
माँग लिया सब कुछ यह कह कर,
'था शेष तुम्हें बस पाना'

□ 6.5.94

अंजुरी

तुम कहते हो 'जितना सच है
बस उतना रह जाता,
शेष समय की अंजुरी से
बूँद-बूँद बह जाता'

यह मेरी छोटी अंजुरी
बस सीमा है मेरी
जितना इसमें आ जाओ
उतना तो, प्रिय रहना

□ 6.5.94

गंध

पिछवाड़े के पोखर
कुमुद खिले, कुछ लाल
सुनहरी

पाकर के मकरन्द-गंध
मौना भूल गई सुध सारी

पाटल दल में बन्दी होकर
भोर गए तक

रैन गुजारी
☐ 10.5.94

खेत

बड़े वृक्ष की जड़ में ज्यों
नया वृक्ष उग आता

सरिता में गिरकर कगार
ज्यों सरिता हो जाता

कटे खेत में बिखरा अन्न ज्यों
निरा खेत हो जाता

मेरा मैं भी तुममें मिल अब
तुम ही होता जाता
☐ 7.5.94

टूटा शीशा चमका

सुबह हुई,
दिन
शुरू हुआ—
डर लगा

तुम आये
चारों ओर
निमन्त्रण था—
डर लगा

सहसा धूप खिली,
टूटा शीशा
चमका—
डर लगा।

□

उत्तर

प्रिय सुनीता,
तुम्हारी छपी
चिट्ठी देखी

मैं,
मेरा नाम,
शायद वह नहीं

जिसे तुमने
चिट्ठी भेजी

पर अब तक तो तुम भी

यह जान गई होंगी
कुछ भी नहीं होता है
नाम या 'मैं' 'मैं' में
जो होता है
वह होता है
अन्तस की पीड़ा,
पीड़ा के सम्प्रेषण में—

तुम्हारी खिड़की के पीछे का
वह छोटा अंकुर पल
अब वृक्ष हो गया है
मेरे निजी आँगन में,

आओ कुछ पल बैठें
इससे पहले
कि हवा इसके
नीले नरम फूल
किसी अन्य काल की
अन्य किसी
सन्धि पर रख दे
और कोयल का बोल
स्थगित हो जाए
दो समानधर्मा
समर्पितों के बीच

□ 10.5.94

सपना

मैं प्रिय
मैं ही प्रिया
कृष्ण मैं
कृष्णा

मैं उत्सव
मैं व्यथा
मिलन, मैं ही
बिछुड़ना

यह मेरा नव रूप, अर्ध-अर्ध
आधा अपना,
आधा सपना
□

दोपहर

एक मेहँदी-सी खिली है,
तुम्हारे
आँगन से महक आई है

बरसों बरस पहले की दोपहरी में
कोई चिड़िया
चिचियाई है

धूल भरे पांव

हाथ ने
अमिया छुपाई है
□

संदेश

जिस नगर भी जा रहे मेरे प्रिय
उस रास्ते में मोर ही बस
मोर हों, थिर-थिर थिरक कर

नाचते,
पैरों से उनके बहे संगीत-सुर,
पंख छू छू कर हवा
दे बुझा ग्रीष्म अनल,
जेठ जलते में लगे
मघसिर की शीतलता

वृक्ष हों जितने वहाँ
वे वृक्ष फूलों से लदें—
साथ हो कोई सुगन्धित स्वप्न
सोए हों या जब जगें

भावना है यह यदि, कविता नहीं,
बन्धु, कहो कविता है क्या ?
अलकापुरी से मेघ का,
यक्ष से संदेश का, तुम्हीं कहो
सम्बन्ध क्या ?

☐ 11.5.94

तुम हो

तुम मेरे किस काम आओगे
नहीं पता

तुम हो,
और कोई नहीं बचा
इस भीड़ भरे शहर में—
जिसके आगे मैं अपनी
मिट्टी सनी
चार वर्ष की हथेली फैला
कह सकती,

देखो, मेरी गुड़िया की शादी,
देखा, गुड्डे की
बारात चली

और यह कह कर भी मुझे लगता
मैं बिल्कुल सामान्य हूँ
जरा भी पागल नहीं।

□ 17.5.94

नदी

यह ही विशेष बात है
कि नाम लेने से तुम्हारे
कोई नदी
चल कर कहीं से

मेरे किनारे आ लगी

गा उठे जंगल सभी,
तड़पी गगन में दामिनी,
जूही खिली, बेला ने भर दी
रक्त में ठंडी सुरा

जो न हो विश्वास तुमको
नाम में गर्भित सभी
सन्दर्भ, सब संदेश हैं—
कर बन्द आँखें देख लो
कह के 'हरि'

□

लक़ीरें

मैंने स्वाती को सच माना
तुम्हारी प्रतीक्षा की

मैंने जन्मों में विश्वास किया
तुम्हारी बनी रही

हाथों की लकीरें
कभी झूठ नहीं कहतीं—

तुम आए, तुम्हारा
लिखा हुआ था आना

□

मदिरा

जब-जब भी तुमको
छुआ जहाँ-जहाँ से

सन्न-सन्न कर उपज गए
जलज हमारे गात,

साँसों ने पी डाली
एक नदी मदिरा की,
उँगली की पोरें सब
रच गई रंग पराग

□

विश्वास

प्या़र मैं तुमको प्रिय,
करती रहूँगी इसलिए

कि देखकर तुमको मेरे
विश्वास सारे लौट आए

लौट आया एक पूरा ताल जिसमें
भावना के, राग के,
अनुरक्ति के अभिसार के सौ-सौ कमल

कुछ लाल, पीले,
नीले, धवल

अंक में भर ताप रवि का
आँख मूँदे सो रहे थे

लौट आया एक पूरा वन कि जिसमें
वृक्ष की सक्षम भुजाओं से खुला संकेत ले
उमड़ी लता,
उर लग गई
हो पात-पात,
हर डाल से
□ 16.5.94

फिर क्यों

तुम्हारे और मेरे बीच
केवल शब्द का सम्बन्ध
केवल भावना का मन्त्र

फिर क्यों
इतनी ऋतुओं का रंग ?
□

चन्दन

देह सुगन्धित पुलक रही ढल
तरु चन्दन क्या
भीग गया जल

कह न चल अब

कह न कल अब
थम गया सागर, उमड़ा
भूतल

देह सुगन्धित पुलक रही ढल
तरु चन्दन, लो
भीग रहा जल

□

गदि

सुमरनी से तुम टँके रहते हो
मेरी चेतना की टेक पे,
प्राणों में प्रवाहित श्वास-सा
बहते हो—

मुझे यह जानना क्यों जरूरी है
कि यदि
चुटकी से पकड़ छूटी
क्या गति होगी तब
साँस की ?

□

इससे पहले

इससे पहले कि समय
आँखों के खद्योत
साँसों की पद्म-गंध

जिह्वा की शब्द-निधि ले जाए

इससे पहले कि सूरज से धरती,
धरती से सागर,
सागर से मोती छिन जाए

इससे पहले कि मैं
स्वयं भी स्वयं को पा न सकूँ

एक बार, प्रिय
इन शब्दों का विश्वास करो
☐ 14.5.94

साथी

तुम मेरी आवाज को
देते रहे
यूँ ही अगर आवाज

कौन जाने जल उठे
पिछला कोई पलाश
उड़ चले खग खोजने
साथी सलोना,

बह चले आकुल,

कलेदित
बूँद-बूँद उर-कोर
□

तुम-मैं

तुम सागर
तुमको,
सीमा में
रहना आता—

मैं शिखरों से
गिरी गह्वर तक,
गिरती गई
लहर-लहर तक,

लहर-लहर
अस्तित्व बहा,
बहते-बहते
क्षीण हुआ,

न शिखरों ने
न लहरों ने
न कगार ने
शोक किया
□

नगर

कितना खाली-खाली है
घर ही नहीं,

नगर कल से

समय अपने अविराम
पहियों से ले गया तुम्हें
तेज दौड़ते

रुक पाना सम्भव नहीं था,
रोकने में भी नहीं था
कोई औचित्य

पर,
कितना खाली-खाली है
घर ही नहीं,
नगर कल से
□ 21.5.94

प्यार जब मरता है

प्यार जब मरता है
तो मृत्यु से भी सघन मरता है
क्योंकि किसी दूसरे जन्म में
फिर जीवित होने के लिए नहीं मरता,
बस मरता है

यह प्रचंड सन्ताप,
यह खालीपन,
यह दुर्भिक्ष के दिन जैसा मन,
यदि है तो ठीक ही है—

मरना किसी का भी हो
कुछ तो दुखी करता है
□ 28.5.94

घर

तुम जब यहाँ थे
पर मेरे नहीं थे
दिन गुजरते थे बड़ी मुश्किल से

अब तुम यहाँ नहीं
सिर्फ तुम्हारी पीड़ा है
दिन गुजरते हैं बड़ी मुश्किल से

पर तब और अब में
कुछ फर्क तो है ही—

तब लगता था कि
बालों से खींची जा रही हूँ
कि जमीन नहीं पैरों तले
कि टूट तो गई हूँ पेड़ से
पर घर नहीं मेरा—
न नभ, न धरा, न हवा

अब,
बाल लहराते रहते हैं पीठ पर
पैरों की पकड़ मजबूत है
और घर—
कितनी सम्भावनाएँ हैं
सोचो तो जरा—
कुआँ, नहर, खाई, खेत, झाड़ी
या चोंच पक्षी की ?

□

तुम कितने पराए लगे

तुम कितने पराए लगे
जब कल मिले

तुम कैसे लगोगे,
जब मिलोगे
दो-चार वर्ष में ?

यह बात मैंने
कितनी बार,
कितनी तरह से सोची
गत पाँच वर्ष में

सोचा, वही नमी होगी
तुम्हारी आँखों में,
जिसे मैं रोक नहीं पाई
विदा की घड़ी

सोचा, तुम अकुलाकर
लौटोगे, देखने
कि यह शहर अभी भी
वैसा है कि नहीं

सोचा, चौंका दोगे
अपनी पत्नी
दो बच्चों सहित
आकर अचानक
बिना खबर एक दिन

सोचा
सोचा,
सोचती रही हर ऋतु के बाद

अगली ऋतु में,
पर सोच कितनी सीमित होती है
यथार्थ के सामने,
कितनी कल्पित,
कितनी नासमझ

तुमने पहले चिट्ठी भेजी
'स्टेशन पर कार आये लेने'

जब पहुँचे तो झुँझलाए
थे पूरे-पूरे उखड़े,
रास्ते भर कहते रहे एक ही बात
तरह-तरह से—
सफर बहुत लम्बा था,
तीन हजार किलो मील
बहुत गर्मी थी—

कौन कैसा है
तुमने नहीं पूछा,
तब मुझे याद आया
पहले भी तो सब
ऐसा ही सा था कुछ

आँखें यदि नम थीं तो मेरी,
विदा दी थी तो मैंने,
इतना सोचा वर्षों तक तो मैंने

तुमने सोचा
शायद
एक भी दिन नहीं,
तुम्हें मालूम था दिल्ली में
एक घर ऐसा है जहाँ

स्टेशन या एयरपोर्ट से
पहुँचा जा सकता है
चाहे जब

कितने-कितने रंग
बदलता है मन अपना,
मन ही मन

और समझ होती है किसी-किसी की
कितनी भौंतरी—

एक कटी रस्सी को काटने
कटवा दी अपनी
उम्र सारी

□ 9.5.94

शून्य

तुम्हारा मेरा क्या सम्बन्ध है
मुझे भूल जाना चाहिए था माना,
तुमको तो याद है—

वह गढ़ा गया था तुम्हारे द्वारा
उन दिनों

जब सुबह कहीं पहली चिड़िया के गाने से भी पहले
तुम चाहते थे मैं उठूँ
और देखूँ कि कब से सम्मुख हो तुम
इतनी सारी ऋचा लिये

वह गढ़ा गया था जब
तुम्हारे भीतर के आशीर्वाद

इतना-इतना बरसे
कि मेरे धू-धू करते विषाद
शांत हो गये सारे

वह गढ़ा गया था उस दिन, तुमने जब
श्री रंग धोमेश्वरी के द्वार
मेरे झुके सिर पर हाथ रख
माँ की स्तुति की, स्वर को मिला
स्वर से

मैंने वह सब सच माना
और पूजा में मिली हल्दी की गाँठ-सा
सावधानी से माथ छुआ, पल्ले में बाँध लिया
अपने मन में ठान लिया
कि सुबह उठते ही
ऑखें तुम्हें देख निर्मल होंगी
कान सुनेंगे स्वस्ति वाक् तुम्हारे,
पैर उठेंगे जब
मंदिर के सोपान चढ़ेंगे
हाथों में कुमकुम रंजित पुष्प
तुम्हारे और मेरे-संग-संग

अवलोवक्य माम् अकिंचनानाम्
प्रथमं पात्रमं अकृत्रिमं दयाया:,
प्रथमं पात्रमं अकृतित्रमं दयाया:

कहेंगे,
पर आज यह शून्य—अब मेरी
सीमित शब्दावली में
कोई अन्य शब्द भी तो नहीं
जो व्यक्त कर सके कि
तुम्हारे और मेरे बीच यदि शून्य नहीं

तो क्या है—

यह शून्य मुझसे कह रहा है
कि वह सब यदि मुझे भूला नहीं
तो भूल जाना चाहिए अवश्य
एकदम
अभी,
आज ही !
☐ 10.5.95

रास्ता

यदि मैं मान लूँ कि वह प्रेम नहीं था,
भक्ति नहीं थी, वासना भी नहीं थी
केवल व्यभिचार था,
तो मेरा पत्थर हो गया हृदय
अपने प्रति इतने भीष्म आरोप को
वहन नहीं कर सकेगा, सम्भवत:

यदि मैं मान लूँ कि वह पूजा थी
प्रणय था, एक ज़ीवन-पर्यन्त

प्रतीक्षा की निश्छल अभिव्यक्ति थी
तो भी मेरे भीतर
कोई तीक्ष्ण दाँतों वाला
आरा चल जाएगा, क्योंकि
तुम मेरे सामने खड़े हो
एक कठोर प्राध्यापक की तरह
मुख पर उँगली रखे

अब मैं क्या करूँ अपने अन्दर बन्द हो गए
इस पक्षी का

जो चोंच मार-मार कर मेरी साँस तक को
घायल कर रहा है, और स्वयं भी
रक्त से सनता जा रहा है ?
क्या मैं इससे कह दूँ कि, खिड़कियाँ खुली नहीं हैं,
इसलिए छत का पंखा बस एक रास्ता है,
जिधर जाते ही तुम्हारे पंख
बिखर जाएँगे उस हवा में
जिसे तुम फड़फड़ा-
फड़फड़ा कर, ढूँढे जा रहे हो
कल से ?
□ 13.5.95

राख

मैंने तो दोनों हाथों से
जकड़ लिए थे पाँव तुम्हारे
सिर को भी देहरी पर
टेके रखा प्रातः शाम

फिर क्यों पीड़ा,
अंगारे-सी, बुझी राख में,
दहक चली है
फिर से, राम ?
□

दिन

यह एक और दिन जो
खाली निकल गया
कितना कुछ निहित,

सम्भव था
इसके एक ही पल में

सम्भव था हम मिलते
मिलकर,
हथेली से जोड़ हथेली
अपने प्रभु को प्रणाम करते

ले आते माँ सरस्वती से
भाषा की पोटल,
फिर शब्दों को
शब्दों से मढ़कर
वाग्देवी की वन्दना करते ।

ऐसा कुछ भी नहीं हुआ
दिन आया खाली जैसे
दिन वैसे खाली
निकल गया
□

कील सी

जिन सम्बन्धों को सम्भव नहीं
परिणाम तक ले जाना
उनके आरम्भ
होते हैं कुछ ऐसे ही
उलझे हुए

कभी नाराजगी,
कभी हैरत,
अपेक्षाओं के मधुपल में
गड़ जाती है कील-सी

पीड़ाओं के
इन दंशों से वह डर गई,
सहम गया वह,
शब्दों के अतिरेक से
इतने कोमल कच्चे नातों के
भयावह विच्छेद ये !

□

मैना

कितने दिन तक मैना बोली
डाली-डाली
डाली
डाली

'अब आया'
'तब आया' कहकर
भूल गए ऋतुराज
अनंग

आँधी आई फूल गए,
ऋतु गई बरखा के संग,
गूँगी मैना कोटर भीतर, सिमटी बैठी

गीले पंख

□

वे दिन

जब तक लौटे वे दिन
जिनकी वर्षों से प्रतीक्षा थी

खेत तपी रेत,
गगन तक धूल चढ़ी थी

खाली थे वृक्षों के तोरण
फल और फूलों से,
कुएँ भी सब सूखे, अंधे

नहीं कहीं था नीलकंठ, गौरय्या, सोन चिड़िया,
बया के हर घोंसले से,
बया जा चुकी थी

बया का एक भी घोंसला
क्या तुमने बनते देखा है ?

देखा है नर बया—
एक-एक तृण लाता,
बुनता दिनोंदिन अथक, तल्लीन

वह उतरेगी, उतरेगी
मेरे ही,
मेरे ही नीड़ ?
□ 16.5.94

स्लेट

मैंने कब कहा कि तुम आओ
या कि मैं आऊँगी

यह तो स्पष्ट है तुम्हारे घर से
कोई सड़क, इधर नहीं आती
मेरे पैरों ने भी नहीं बनाई पगडंडी
जो तुम्हारे रास्तों तक जाती

इन दूरियों में क्या कुछ है
वे कैसे जानेंगे
जो दूर नहीं रहते—

मुझे सँवरना नहीं होता
तुम्हें रिझाने
अवश्य सहज लगती हूँ
सलवट-सलवट साड़ी, धुले चेहरे में
तुम्हें भी तो कोई उतावली नहीं
मुझे पाने
मुझ से कुछ छुपाने,
तुम्हारी लापरवाही तुम्हें मँहगी नहीं पड़ती

बस कभी-कभी,
कभी-कभी जी करता है
तुम आते
मैं आती,
और छोटे बच्चे की,
पहली-पहली स्लेट से भी छोटी
दुनिया हो जाती।

□

घड़ी

जब तुम वापिस आओगे
तो एक दिन—
नहीं, दिन पर तो बहुत सारे
अधिकारों के अधिकार होते हैं—

इसलिए, केवल कुछ घड़ी,
जो हमारे हाथ पर बँधी

घड़ियों से निरापद
हमारे बीच,
अलसाई खड़ी रहेंगी

जैसे आजकल की दोपहरें
जिन्हें न पंखे ढेल पाते हैं
न ही कूलर

बस, खड़ी रहेंगी घड़ी

और हम दोनों चुपचाप,
बैठे रहेंगे

यों कहने को तो होगा
बहुत कुछ
जैसे,

यात्रा कैसी रही,
किस-किस से मिले
क्या बात हुई

जैसे,
यहाँ सब कैसा रहा
कोई समस्या तो नहीं हुई
कौन-कौन आया मेरे पीछे

हम बैठे रहेंगे
बिना कुछ कहे
क्योंकि इस घड़ी के जाते ही
फिर वही दिनचर्या होगी,
फिर वही रुटीन

□

मन

बहुत मन करता है कि तुम्हें
मन भर देख लूँ
पर मेज, कुर्सी, टेलीफोन की घंटी,
पैरों की पदचाप, तथा अन्य
बहुत से एहसासों के बीच,

देखती हूँ सब
बस, तुम्हें नहीं।

□

एक दिन अभी और

एक दिन अभी और—

रात-भर झरते रहे
फूल हर हरसिंगार के
उनकी तरह बिछकर निहोर
कर लूँ तुम्हें मैं प्यार से

जन्म दूजे में भी क्या
मालूम कि होना पड़े
तुमको कहीं
मुझको कहीं
तीजे किसी अनजान का

डोलियाँ इतनी उठीं,
कितने लगन मण्डप यहाँ,
मन की विरही राधिका का

खो गया डोला कहाँ ?

एक दिन अभी और—

□

गणित

आओ तनिक बैठें, जरा-सा देख लें
होकर खत्म, फिर से शुरू
होता कहाँ सम्बन्ध का यह गणित,
कितने युगों से आ रहा

कि या फिर कल्पना बस
यह बात
जन्म-जन्मांतर की—
उपक्रम कोरा,
भूलने विषमता आज की ?

जो जहाँ
उतना भला
वृंत पर से पाँखुरी
उखड़ी तो फिर

जाने कहाँ !

□

आलेख

जीवन-भर प्यार पाते,
प्यार करते,
या प्यार से बचते रहे

यह हमारे बीच तो

कुछ और ही है
जो है हम दोनों से उदासीन—

न तुम दर्पण हो इसमें
न मैं प्रतिबिम्ब,
न मैं काया कहीं पर
न तुम ही अनुराग

भग्न शिला पर अधमिटा आलेख
यह भी क्या,
प्यार ही है किसी और, किसी और समय के
मेल का ?

□

समिधा

तुम कह सकते हो—किन्तु मैं नहीं—
कि जो कहा
वह थी शब्दों की लच्छेदारी,
अहं से मुक्ति और
वासना की शक्ति के बीच का,
द्वंद्व अनादि

न, मुझे मालूम है
यह अनबीधा मन
देह की समिधा देकर बचाया है

इसलिए, यदि हूँ मोह मैं,
तो निर्मोह भी

□

विदा

अब के जब आओगे
इधर कभी,
कितना होगा तेल
दीये में, कितनी बाती

कौन होगा राजा उस दिन
कौन मन्त्री

बाहर होगी तख्ती किसकी
अन्दर सत्ता किसकी—

छू कर चरण
विदा करती हूँ
लेकर स्वस्ति मंत्र
तुम्हीं से

इस माया की
नगरी में फिर से,
वापिस
जीती,

शायद,
मरती हूँ
□

यथावत

बहुत दिनों से तुमको नहीं देखा

वैसे तो सब होता रहा यथावत :

धोबी का हिसाब,
नौकर से खटपट,
लाल बत्ती क्रॉस करने पर
ड्राइवर को झिड़की

दफ्तर में
साढ़े दस की चाय पर
अनुपस्थित परिचितों की निन्दा,
विद्यार्थियों को आधा लेक्चर
आधा निज यशगाण

फिर घर, घिरती साँझ में
वही दर्द की मेख—

कहाँ,
इस भीष्म नीरवता में
मेरे अन्तस का, अन्तिम आत्मगीत ?
☐ 28.5.95

इस अनजाने नगर में

इस अनजाने नगर में
जहाँ कोई गली,

नाम,
हादसा, खुशी
मेरी नहीं

जागती हूँ पराई दीवारों में
सोचती हूँ
जिन्दगी कहाँ गई
लेकर सभी,

एहसास अपने ?

मुट्ठियों में बन्द
छोटे निजी
सीधे सहज
सम्बन्ध
सपने ?
□

गली

खिड़कियाँ सारी खुली हैं
द्वार तक चौपट हैं घर के
कौन हैं ये सन्तरी जो
धमनियों में रक्त चापें ?

कोई नहीं पदचाप बाहर
सूनी गली है
श्वान तक से
□

भ्रम

झरने में भीगे ज्यों
देह किसी अल्हड़ की

ऐसा था समय
हमारे बीच कभी

भले यह बात
आज,

मुझको ही लगे बस—
भ्रम-सी

□ 5.1.81

क्षुब्धा

क्या कुछ नहीं यहाँ,
दूर तक किन्तु
सन्नाटा

दिशाहीन दिन,
बधिर संध्या,
रातें पूर्ण विराम

क्यों नहीं संगीत कोई
गूँज पाता
बिना अन्य के, स्वयं अकेला ?

शब्द बिना जीवन यह,
पाचन क्रिया बस,
केवल,
क्षुब्धा !

□

सूत्र

पतंग को ज्यों काट जाती
दूसरी पतंग की डोर,
मेरे मन को तुम से
कोई अन्य रिक्त कर गया

और इस तरह
तुम्हारे लौटने पर
तुम्हारे पराएपन के असह कुठार से
मेरा एक बार और टूटना बच गया

सच ही, कोई है
जो देखता रहता है
हर पल, हम सबको
□

बरखा

यह बरखा हुई कैसी,
कहाँ
कितनी ऋतु के बाद

तुम ने सुनी
कह दी, या कहने से
रह गई जो बात

मैंने सहे
सहने की थी जिनको कसम
गहरे वही,
आघात
□

ढाक

फाल्गुन की रंगोली—
ढाक पे रोली,
देख थिरकता था मन,

आज बस
आँख गीली

□

ढोलक

ढोलक की धक्-धक्
केकी की,
थिरक नहीं अंगों में

वह पहली-सी प्रीत,
चटकते-

रंग नहीं रंगों में

□ 16.1.86

साँझ

साँय-साँय आँगन, घर, पोखर
देहरी दिनन की—

सांझ का भटका
भटका रात-भर,

छूट गए सब मीत सखा निज,
आस मिलन की

□

जीवन से तो चले गए

जीवन से तो चले गये
मन से नहीं जाना,

बहुत हैं रास्ते बाकी
बहुत जंगल
बहुत मेले

मिले तुमको जहाँ अपना
जहाँ मन हो चले जाना,
नहीं कुछ पूछना मुझको
न कुछ मुझको बतलाना

मगर जिस दिन सवेरे ही

फड़कती आँख हो बांईं,
न दिन में दिल को चैन आए,
डरा दे
रात को सपना

नहीं रुकना,
नहीं रुकना,
नहीं रुकना चले आना
□ 30.1.86

कातर-बेला

दूर जहाँ प्रिय गाँव वहाँ भी
कातर-बेला ऐसी होगी

मघसिर की झुलसी वनराजी
मूक खड़ी बस तकती होगी,
सूखे रवि रतनारी की भी
पंखुरी-पंखुरी झरती होगी

न होगा तरु-ताल-सरोवर

न राधा का रूठ मनौवल
न ही हरि हरजाई कोई
न कोयल किलकी अमराई

दूर जहाँ
प्रिय गाँव वहाँ भी
पग-पग धूसर धूली होगी
☐ 29.1.86

गोधूली

बहुत दिन
बहुत तरह से
बहुत तुम्हें प्यार किया

तुम्हारी धूप से पिघली
तुम्हारे स्पर्श से शीतल,
तुम्हारे अप्रस्तुत होने पर
तार-तार बिखरी

आज इस गोधूली में
तुम,
कहीं नहीं

बह गए कछार
कछार के वृक्ष
वृक्षों में नीड़

दूर चरवाहों की वंशी धुन,
बजती रही
☐ 30.1.86

आग

वह तेरा आना नित,
नित
आतुरता बिन देखे

केवल तेरे जाने भर से
फूलों में रंग
जले आग से,
छाँव नहीं अब
किसी ठाँव भी

□

सड़क

मंगल घट सब
जल से खाली,
ड्योढ़ी पर
हल्दी न रोली

केवल पत्ती
सूखी पीली,
बीच सड़क पर
नीरव झरती

□

देह-राग

फिर दिन पलाश
फिर साँस आग
फिर देह-राग

किसका, कहाँ
किन साथ ?

बस, एक याद
बस, एक याद
□

घड़े

सम्बन्धों के कच्चे घड़े
हथेलियों में घुलते

कहीं भी
खत्म होता यदि कुछ
इस वेदना को
कड़वे फल-सा
धीरे-धीरे रसमय कर लेती

पर नहीं,
घाव छल के
अंत तक भरते नहीं
□ 3..4.86

कहानी

वही कहानी
बहुत पुरानी
स्वयं से स्वयं के
छल की—

तुमको मेरी

मुझको उसकी,

उसे अन्य की, चाह थी

□ 21.1.86

लेकिन

मेरे हो तुम
अब भी मेरे
पहले भी थे
लेकिन पहले,
दिन थे चन्दन बाटी
धीरे-धीरे
हाथ-घिसे,

और पुलक, तन
पल्लव दल ज्यों
सिक्त गंध से वात चले

मेरे हो तुम अब भी लेकिन...

□ 5.2.86

परिस्थिति

कौन दूर, कौन पास ?

दूर क्या आकाश जो तुम्हारी याद से
तन जाता चारों ओर
नीला,स्वच्छन्द, शान्त, अगाध
देता मुझको दो पंख, उड़ने
हवा के संग,
रंग फूलों के निखराता

कासनी, गुलाबी, उनाबी एक साथ ?

या पास तुम्हारा चेहरा, आतंकित
उतरा जाता सुनकर मेरी आवाज,
और आवाज तुम्हारी
शालीनता के बोझ से घिसी-घिसी–
'हाँ-हाँ अच्छा, ओ टीक-ठीक
मिलेंगे कल, शुभ रात्रि,'
द्वैत ? अद्वैत ?
अनुभूति ? परिस्थति ?
□

तस्वीर

जिन्हें भूलने के
बहुत लम्बे उपक्रम थे
उन्हें याद दिलवा भी दोगे तो क्या
तस्वीरें देख लेने से पुरानी,
समय तो नहीं आता पुराना ?

माना कि तुम सुबह थे
दिन भी थे रात भी थे,

पर जी लिया जो मैंने
बस खील-खील होकर

सम्भव है क्या उसे अब
जाकर बटोर पाना ?
□

साथ

एक-दो फूल
भरे हाथ
रहे साथ,

शेष सारे चुक गए
रिक्तता की कोर

भोर
साँझ
रात
□

प्रश्न

एक ही प्रश्न है जो बार-बार
घुमड़ता रहता है,
पूछती हूँ कभी मन से
कभी जल से
कभी हवा से

कहो मन, जो अपना नहीं था
यदि वह सपना था
तो उसका नाता क्या,
इतनी आकुलता से ?

पूछती हूँ जल से, जल,
जल गए तुम भाप हुए
जिस जलधर को पाने,
पहुनाई की गई न उससे
दिन दो चार, फिर तुम

क्यों आँसू-आँसू,
जब लौट रहे घर अपने ?

पूछती हूँ हवा से, हवा
जा रही हो किधर
आई हो अभी किधर से
यूँ रह जाती, आती-जाती ही क्या
हर युग में, युग-युग से ?

पूछती हूँ
कभी मन
कभी जल
कभी हवा से
□

स्वप्न

ये स्वप्न से जो साथ थे
वे स्वप्न हो गए, प्रिय
न तुम यहाँ
न मैं कहीं
न सुख लिये दिये गए

जो आँख से गिरा अभी
न अश्रु था
न नीर था
वह याद का जला दीया
बुझा दिया जो साँझ में

वह साँस थी
जो साँस से
हटी तो घुट के थम गई

वह आस थी जन्म जन्म के
साथ की
तेरे मेरे

जो मिल गये वे चार थे
जो न मिले वे साल थे
यों धार में समय की
वक्त,
जीर्ण पात-सा बहे
□

त्यौहार

ले गए तुम साथ
वृन्दावन, सलोने,
साँझ,
जमुना तट, ठिठोली
हठ, मेरे सब गीत

ले गए तुम रंग,
मिलन त्यौहार अपने संग,
खाली द्वार,
सूना पथ निहारे
□

साँकल

यह दिल कि द्वार किसी घर का ,
जब खुलता है तो जैसे
त्यौहार कोई लाता अपना—
चाहता है बच्चे जल्दी-जल्दी

अच्छे-अच्छे कपड़े पहनें,
बाकी अन्य सभी लोग भी
पूजा की थाली ले बाहर जाएँ—
फिर हाथों में लिये प्रसाद
घर के अन्दर आएँ

चाहता है अल्पना यहाँ, वहाँ
कलश, दीवारें कढ़वा लें
स्वस्तिक जगह-जगह,
आलों में जलें दीप घी के
ज्यों आने को हो कोई
विशेष पाहुना

जब बन्द होता है
तो इतना बन्द
कि दूर तक सुनाई देने वाली दस्तक
से भी बहरा होता है।

मिल जाता है दीवारों में
गूँगा होकर—
न कुछ कहता
न कुछ बतलाता है
चुपचाप, सामने की दुनिया को
भीतर साँकल लगाकर सहता है
□

दर्पण

जिसने भी देखा
बस, दर्पण में खुद को देखा—
कुछ सुन्दर, कुछ पहले से
उजला देखा

देखा नहीं पर एक ने भी
दर्पण के पीछे
विश्वासी बालक मन,

मैंने तब खेतों को देखा
पाखी जिनको चुग गए सारा

देखा मैंने तरु के फल को
चोंच गए भर
सुग्गे सारा

मैंने फिर देखा वापी को
घट-घट-घटा, तलौंछ जल सारा

मधु को भी फिर देखा मैंने
पाने जिसको छेदा सारा

दर्पण को तब मैंने
पहले से कुछ पूर्णतर—
कुछ और विपुल कर डाला

देखोगे जब इसमें
वह प्रतिबिम्ब नहीं—
मेरा ही,
अकुटिल, सहज, विश्वासी
निरा शिशु-मन होगा
□

धैय्या

इस बैसाख की पहली कोयल
टीस-टीस जब बोली होगी

तुमने भी क्या आँखें बंद कर
भूली पिछली
बेमानी सब,
यादों की सुधि कर ली होगी

चुपके-चुपके खिड़की से क्या
लाँघ गए थे सीमा शहरी
घर कस्बे की धैय्या छूकर
लौट आए फिर
चोरी-चोरी ?

ठण्डी होती चाय पर तब
पत्नी रह-रह झींकी होगी—

इस बैसाख की पहली कोयल
टीस-टीस जब बोली होगी
□ 27.5.94

साक्षी

यह आनन्द भी तो होता है
एक तरह का गहरा दुख ही

व्यक्ति इसमें कितना अकेला होता है
जैसे वृक्ष मर जाता है एक दिन
या अचानक हो जाता है लक्ष-पुष्पी,

कोई नहीं पूछता कि क्यों
गजों फैली लम्बी जड़ें
असमर्थ हो गईं वृक्ष को सींचने,
या कि वह किसके आवाहन में
गदगदा गया, फूलों से इतने

यह आनन्द भी तो मृत्यु की तरह
होता है एक तरह का छल ही

आनन्द होता है—इसका प्रमाण क्या,
जैसे मृत्यु यदि गहरी नींद है
तो कौन कहता, 'मैं साक्षी' ?

□

गगन

कुछ तो ठहर, मन, कुछ देर को आराम दे
बूँद जल की रेत टपकी,
आखिर चुक ही जाएगी
कौन जाने अब यहाँ
कैसी सुबह कल आएगी

दूर से आया, गया वह
दूर पहले से बहुत
नाम लें, किसको बुला लें
किसको यहाँ आवाज दें

न रुके न रोक पाये
साँझ दिन को
रात को दिन

टूट कर औचक गिरा जो
किस गगन में टाँक दें ?

□

कदम

यह भी क्या कम है
कि चलता रहा
चुपचाप सब
वैसा यहाँ,

न सुबह की सादगी कुछ कम हुई
न धरा की ओढ़नी छोटी पड़ी
आकाश भी नीला रहा,
उतना अनन्त

हाँ, नहीं थे तुम
जहाँ मैं छोड़ आई,
बस, नहीं उठा मेरा
फिर से कदम
□

फिर मन को व्याकुलता

फिर मन को व्याकुलता
तन को,
याद आया वह ताप पुराना
और संध्या से
भोर जगे तक
जाग-जाग कर
रात बिताना

बीत गए दिन
रीती उमरिया
उर ने नहीं सीखा बिसराना

आग लगी थी जंगल-जंगल
जल गया पाखी,
ठौर ठिकाना

□

दीपक

मैं क्यों पूछूँ
क्यों पूछूँ मैं
रहे कहाँ
तुम गए कहाँ

जिसके भी तुम
जैसे भी, प्रिय,
रहो उसी में,
रहो जहाँ

मेरा मन गंगा का दीपक
जल में जले
और बुझे वहाँ

कितने-कितने युग बिरहा के
छोटे-छोटे

मिलन यहाँ

□

वस्त्र

रस्सी पर सूखता वस्त्र
सूखता रहा शाम तक रस्सी पर

उसका सुनहरी रंग धूप में
टँगे-टँगे विवर्ण
मटमैला हुआ

रस्सी से उतार दिए जाने पर वस्त्र
सोचता है कि वह रहेगा कुछ दिन
किसी सन्दूक के गहरे
अन्धेरे में बन्द

तब कोई उसे पहनकर, धोकर
सुखाएगा नहीं रस्सी पर

उसे तहा कर रखने वाला,
हो सकता है भूल जाए उसे
सुखाने वाले की ही तरह
सन्दूक में रखकर

अपने घुप्प अन्धेरे में वस्त्र
तब कितना सुरक्षित रहेगा

□ 1.6.94

आयु

मैंने तुमको बुलवाया
इसीलिए तुम आना-

बुलवाना किसी का किसी को
होता सहल नहीं,
कट जाती आयु खंडित
कुछ खंड यहाँ, कुछ खंड कहीं

फिर भी जो केवल मेरा था

बचा लिया उसको सारा
शब्दों की दीवारें इसमें
शब्दों का ही द्वारा

बुलवाया है तुमको
सम्भव हो तो आना
इस मौन हठीले स्वर को
हो मौन, कवि सुन जाना

□

काल

तुम यदि तिनका हो
तो पर्याप्त हो,
क्योंकि मुझे डूबना नहीं है अभी

कह सकते हो इसे हठधर्मी
हाँ, हठ तो है मेरा यह हठ कि मुझे
जीना है—
घंटे, दिन महीनों और वर्षों में नहीं—
ऐसा जीना तो हो ही रहा है आजकल भी,
और काल से बच गए काल को
जीता कौन नहीं,

पर मुझे जीना है
कुछ अलग, कहीं और,
उस मधु प्रदेश में

जहाँ प्रत्येक सुगन्धित वृक्ष अपने दुर्लभ वक्ष पर
सुलाये हो भले ऐसे विषधर
जिनके काटे का कोई काट नहीं;

किन्तु मुझे जाना है वहीं
क्योंकि उन्हीं पत्तों में है वह आँख
जो देखती है आर-पार,
उन्हीं फूलों में वह स्मृति, जो जाती है
समय के बाद समय को उलांघती,
उसी कोटर में वह हृदय है
जिसके स्पन्दन में बजता
बार-बार ऊर्जा का तार

यही
वह सब है जो
जीना है अभी
☐ 2.6.94

वापसी

किसी गहरे पाताल में
धँस गया था यह जाकर
मेरी सारी हस्ती और हाथ
छोटे पड़ गए इसे निकालने

एक दिन यह खुद ही लौट आया
पर नहीं बताया कहाँ था
क्या हुआ, क्या सहा
सिर्फ इसकी अटूट चुप्पी

कहती रही कहानी,
जो नहीं कही इसने

अपने छोटे कक्ष में बैठा रहता है अब,
देखता हुआ नख अपने

बड़ी मुश्किल से हाथ आया है
अपना दिल,
मुश्किल से लौटा है
घर अपने

□

शलाका

इस गहन घनेरी रात में
कविताओं की शलाका ले
बैठ तो गए हैं हम दोनों
अब इसे सूरज के आने तक
बचाए रखना भी तो
एक काम है

वैसे हमें कुछ भी नहीं कहना—
चाँद और अँधेरों से,
सूरज और सवेरों से
क्योंकि अब कुछ कहना ही नहीं है हमें

बस, देखते रहना है कि शलाका हमारे बीच है
या, जलते-जलते

हो गई है कुछ-कुछ
बुझी-बुझी सी

□

हाथ

जब से तुमने पढ़ ली हैं कविताएँ
जो डायरी के पन्नों में औंधी-सीधी सो रही थीं,

वे ऐसे जग गई हैं
जैसे जागते हैं सुबह-सुबह बच्चे
कुछ एक तो अँगड़ाई लेकर
या बिम्बार्थों से मुँह धोकर
बड़ी ही ढीठ मुद्रा में खड़ी हो गई हैं सामने

अब हालत यह है कि
इनके लगातार शोर में
घर का कोई काम सम्भव नहीं,
और बाहर जाकर किसी से
मिलना-मिलाना तो और भी दुष्कर—

क्योंकि, इनके छोटे असंख्य हाथ
मुझसे लिपट जाते हैं
इससे पहले कि मेरे पाँव
चप्पल तक पहुँचें
□

खोज

तुम मेरे सामने हो
ठहरी हुई सुबह से
बहुत सारे पक्षियों का
कलरव लिये

और मैं
भौंचक
खोज रही हूँ वे अर्थ
जो मेरे काठ को फिर
वीणा कर दें

मैं खोजती ही रह जाऊँ यदि

अर्थ, शब्द, मंत्र
तुम हार न कहना इसे
अपनत्व की

□

सीमा

मैं जहाँ-जहाँ से आई हूँ
क्या तुम भी
आये हो ?

तुम्हारी आवाज में
मेरी आवाज के सन्नाटे हैं

तुम्हारी आँख के जुगनू
मेरी स्याहियों में चमक जाते हैं-

पर मैं तुम्हें
प्यार नहीं कर सकती

इसलिए,
यदि मेरे रिक्त जंगलों में
लौटने लगें मृग शावक

रोक देना उन्हें तुम
सीमाओं पर ही

□

प्रहार

जिन सीपियों में मोती सम्भावित थे
वे क्यों रेत से भर गईं

या रिक्त रह गईं
या टूट गईं

सम्भावनाओं के हजार बार
यही अंत देख कर भी
हजार-हजार बार मन क्यों
विद्रोह करता है—

यदि नहीं आज,
न सही कल, भले
उसके बाद के कल
होना ही होगा मोती को

पनीला, आबदार,
अपनी-अपनी सीपी में
शाश्वत, सुन्दर, निरे सरल के साथ

तभी तो रुकेगी
रेत, रिक्तता और
रुकेगा प्रहार
□

तुमने कहा

तुमने कहा,
'उजालों में रहो,
मत लौटो
यद्यपि भला लगता है
अँधेरा,

जीवन से बचो नहीं,
सहज समर्पित भरपूर जियो

अपनी ओर
जो बढ़े हाथ
बढ़ कर गहो,

कवि हो तुम
कवि सुन्दर को ही पूजता

यह दो पल
उजास
अभी और, सुनीता
आकर, देख लो'

आ तो गई हूँ यहाँ तक
अब यह हाथ यहीं छोड़ना है,
तुम्हारा मुझमें विश्वास
ही वह रास्ता है
जो दोनों को अलग-अलग तय करना है

किन्तु जब चलते-चलते
रात बस, आती ही हो—
अभी-तभी,
रुक जाना ऐसी जगह कहीं
कि आकर
'मैं द्रोणाचार्य शिष्य' कह अर्जुन की तरह,
दे सकूं
परिचय अपना
□ 17.5.94

फूल

वह दिन, दिन नहीं होता
जिस दिन

फूलों का जन्म नहीं होता

फूल-फूल हो जाते हैं
अनायास ही उस दिन
जिस दिन,
बिना बुलाये, बिना बताये

बस, यूँ ही, यूँ ही
अलग अकेली रहती बूढ़ी
माँ से मिलने बेटा आए

जिस दिन—
बिना तीज के बिन त्योहारे,
सहसा विचलित होकर बाबा
दूर बसी बेटी को लाने
छोटा बेटा ट्रेन चढ़ाए

जिस दिन,
जीवन में पहली बार
निकट की खाट सोई पत्नी के
घिसे हाथ, फटी बिबाई
देखे पति, द्रवित हो जाए

जिस दिन
पलने में लेटा पाँच मास का
बालक पहली बार
सहसा मुँह से 'माँ' बोले
'माँ माँ माँ' कह रोता जाए

फूल, फूल होते हैं
बहुत तरह से
अनायास ही,
बहुतेरे

☐ 24.5.94

तुम कहो न

तुम कहो न, क्या करूँ
ऐसा कि जिससे लौट आए
निष्कपट संसार फिर वैसा
मेरे भीतर मेरा अपना

फैल जाए फिर वही,
मन की नदी के तीर, गीली रेत
जिसमें हों पड़े घोंघे
कहीं कुछ सीप, कुछ सिक्के
पुराने छेक वाले गोल

हों कहीं बगुले खड़े
पंजे नुकीलों पर, कहीं
बैठा हो पण्डा आँख मूँदे

और दिन-भर दौड़ती हो
एक छोटी-सी वहाँ लड़की
कि जैसे दौड़ती तितली
सिरस के तीक्ष्ण गन्धी पेड

तुम कहो न
क्या करूँ कि टूट जाएँ
हाथ-पैरों में गड़े ये
लौह-तीखे मेख

□

चम्पा

अक्षर-अक्षर को तरसा है
पंक्ति-पंक्ति को प्यासा मन

शब्दों को खोने की व्यथा
जानी जाती है खोकर ही—

संसृति पर बरप जाता
एक विराट सूनापन

आँखों की पुतली तक
काजल से सन जाती

मर्म नहीं सुन पाता अपनी कथनी
पीडा का हर पल भी, आता है गूंगा ही
जो अनायास, शब्दों की
चम्पा-चैती, खिल आई तुम,
खिलती रहना सावन के आने तक
सावन में शायद
केसर-पुष्पी, हरसिंगार
मेरी झोली झर जाए

फिर शीत ऋतु के आते-आते
खिल ही जाएँगे गुलाब

यों,
हर एक दिन

हर एक पल

हर शब्द-फूल

कविता हो,
कविता हो
□

अक्षत

हाथों में अक्षत
फूल पे रोली सजाई है
यह बेला, प्रभु
बहुत जन्मों की याचना-पर्यन्त
आई है

मेरे अविकल मन में
झरता अनवरत चन्दन
जिह्वा पर तुम्हारा जय गान,
दिगंत का संगीत
जीवन की सब अवशता के बाद
तुम्हारे मेरे बीच रहा, अलक्षित अनमेट—

आज भी !

□

तीर्थ

जितने-जितने पग मैं
अपने भीतर उतर आई
उतने-उतने तीर्थ मेरे सम्पन्न हुए यहीं

हे गुरु,
हे तात !
सखा, सहोदर मेरे
कब-कब के संचित विष सब,
निर्मल हो गए मेरे !

□

शेष

हे इडा
हे सरस्वती !
मेरे शब्दों की लघु वापी
अजस्त्र, अगाध हो, कल्याणी

जितने भी दिन बाकी
इस काया के क्षत होने में,
वागर्थ रहें उतने दिन
सम्पृक्त मेरी वाणी में

गाऊँ मैं जब गाऊँ
गान तुम्हारा ही, माँ
साथ चला तुमसे जो पाया
शेष हुआ सब,
शेष यहाँ

□

राम !

देकर दिन-दिन
नेह, हमारा
जीवन तुमने बहुत सँवारा
लेकिन जिस दिन कातर
गंगा आँखों से फूटे
आ जाना,
जब धीरज छूटे

□

वरदान

जब-जब मैं तुलसी होऊँ
होना तू रत्नावली

हारूँ फिर सर्वस्व तुझे
सह न सकूँ वियोग
दौड़ा आऊँ द्वार तक
बावले की भाँत

जान कर आया मुझे
तुम प्रिय धिक्कारना
मोह को कालिख लगे
अपमान हो, अपमान

चक्षु हों प्रकाश न हो
बोल हों, वाणी नहीं
ऐसे में तुझसे मिले
योग-भोग का ज्ञान

ओ मुझको, कल्याणी
जन्म-जन्म तक, प्राण
जन्म-जन्म तू दे तुलसी को
राम नाम, वरदान
□ 3.11.79

पथ

तुम चलो मैं बाद तुम्हारे
चलँ मूँद कर आँख
पथ दुर्गम यह कट जाएगा

चलत-चलत,
अविराम !
□

ऋण

ऋण तो ऋण होता है
कृतघ्न को क्षमा
करते नहीं नारायण भी

तुम्हारा यह ऋण-तुमने
मेरे पाषाण को
परस कर सरस किया,

तुम्हारी वाणी के प्रभाव ने
उकेरे मुझ में 'राम सिया'

चुकाया जा सकता है भला
इस जन्म क्या, बहुत जन्मों
के बाद भी ?

हे तात,
यदि मेरी तपस्या
मुझसे भी छोटी रही,
यदि मैंने यदा-कदा
मन ओछा किया

सुधार देना इसको भी, जैसे
वर्षों मेरी
देवभाषा की त्रुटियों का
सुधार किया
□

शब्दकोश

कितना कुछ तो था जीवन में
शब्दकोश ज्यों शब्दों से रहता भरा

पर कभी चाहा जिसे
बस, नहीं वह ही मिला—

गोदी माँ की
हाथ, धीरे-धीरे थपथपाता,

पाँव से काँटा निकाले, मित्र
गीली मिट्टी की मल्हम लगाता,
खुद ही उढ़ाता चूनरी प्रिय
तर्जनी से मुख उठाता

हाँ, मिले मेरे प्रभु
जब मैं उन तक आ गई
हर सड़क पर हर गुजर पर,
हर कदम पर,
हर गली !

□

कृष्णा

यह दिगंत संगीत मधुर,
यह सीमाहीन व्योम विस्तार
यह अद्भुत-अद्भुत,
सहस्त्र बाहु सृष्टि प्रसार

इनके सम्मुख कितना छोटा
कितना क्षणिक, क्षणभंगुर

'मैं' का, 'मुझ' का 'मेरा'-व्यापार

आओ, दे दो हाथ
वृक्ष हो जाऊँ—

सावन में मेघों से जुड़,
पतझड़ में धरती पे झुक,
सर्दी में कर जोड़, मौन,

अनंग-ऋतु में पोर-पोर
माधव-रंग, रंग जाऊँ

खड़ा अकेला
जब तक काया
कृष्णा, कृष्णा गाऊँ
□

मै देखती हूँ

मैं देखती हूँ कि मैं
अपना देखना देखती हूँ
मेरा देखना और मेरे देखने को
मेरा देखना
दो बिल्कुल भिन्न प्रक्रिया हैं

इसलिए
मेरी कही एक भी बात का
तुम विश्वास नहीं करना

तुम देखते हो मैं केवल
तुम्हें देखती हूँ

मैं देखती हूँ कि तुम्हें देखकर मैं
अपना आधा देखती हूँ
जिसे कोई नहीं देखता

मैं देखती हूँ कि
यह मैं देखती हूँ
□ 4.6.94

कितना जल

(1986-87)

परमात्मा

परमात्मा !
पैरों तले की
डूबती जमीन

पल-पल,
कितना जल,
कितना जल !
□

नर्तन

घोंसला बनाकर बँधी चिक को
बैठ गई है छोटी चिड़िया
बार बार पुलकित
थर्रा रही है देह
प्रिय भी उन्मत
चंचु में
आ जा रहा है
तृण ले

रह रह कर दोनों,

आसक्त,
करते हैं नर्तन :
उड़ती है वह, दुबकती है
दबोच ली जाती है
और फूल उठती है गोल कुप्पा
रसभरी सी

कितने दिन चलेगी गृहस्थी
नहीं सोचती
खोल देगा कल कोई जो
डोर चिक की या प्रिय ही
बैठ ले किसी अन्य डाली

नहीं सोचती
सोचना भी नहीं चाहती

जानती है
पुण्य होता नहीं स्थायी,
न ही
काल अवधि किसी की

जानती है केवल
अर्थवत्ता
छीज रहे पल की
□

सूर्य

अगाध पिपासा दग्ध शरीर
उमड़ता है
तुम्हारी ओर
वायु में, श्वास से,

देखते रहना
तुम भी यूँ ही
अपलक,
शरद के आकाश से

खोलना नहीं सूर्य
कलेदति रहे मणि

काल तक
काल से

□

गौना

फूलों में रंग अभी कच्चे
हवा ने सरसों को
हौले से जगाया

धूप ज्यों घूँघट के भीतर की गरमाई

यह महीना
गौने की पाती सा
आया

□

बात बस इतनी सी थी

देर से बैठा था वह
विजन में

दूर से आई थी वह

थकी डरी

सरक कर दे दी छाया उसको
झेलने लगा स्वयं
जलती दोपहरी

बात बस इतनी सी थी
हुमक गया आकाश
झूल गई डाली
□ 7.2.86

नहीं लौटेंगे

यह मुकुलित अमलतास वर्ष पिछला
गुच्छा गुच्छा सुवर्ण पिघला
हाथ पर हाथ सा
भीगा, हल्का

यह स्पर्श सुख
मेरे वक्ष बिछला
उनींदी आँखों में
भीगती अलसता
फिर उषा-अरुण तन
आकुल प्रतीक्षा

नहीं लौटेंगे
यों जीने को जी लें
हम साथ साथ
जितना
□

संयोग

एक दिन आ गए तुम
पूछते पता
प्रयोजन कोई बहुत न था
न उत्कण्ठा,
न अनुभूति

कि विशेष कुछ
किसी भी ओर से घटा
पर जो आसन तुम्हें मैंने दिया
तुम्हारे योग्य था।
तुमने दृष्टि दी
मैंने दिशा,
यों परस्पर आश्रित
पनप गया एक सम्बन्ध
भूल विसंगति,
स्मृति-दंश
भावी की भयानकता
नहीं सोचा फिर
भिन्न कभी अस्तित्व था
दोष दूँ किसको,
कहूँ कैसे,
छुपा हुआ था मुझसे
अंत इस संयोग का?
□

कर्षण

तुम्हारी अनुपस्थिति को
सहन कर लूँगी यदि

धरती
गोद ले ले मुझे
मेरे विश्वासों के कर्षण से भी तब
फूटते रहें अंकुर
धीरे धीरे

तुम्हारे इस प्रमाद जनित
जाल को छेद कर
साँस ले लूँगी यदि
व्योम भेंट ले मुझे

हर आघात के प्रतिकार में तब
केवल प्रकाश, सतत प्रचंड कभी,
कभी शीतल
झरे
□

एक छोटी आयु जी ली हमने

एक छोटी आयु जी ली हमने
आते आते पास
निकट से निकटतर
पाते अपर में निज को ही
जड़ों से पक्के बंध गए थे हाथ

आज-पर आज,
किस हथेली ने दिए
नक्षत्र सारे ढाँप
द्वार साँकल सब खुले
पर हवा आती नहीं
गन्धा रही भीतर उमस

खनक खनक कर
गिर रहे विश्वास
□

विषमताएँ हो गईं बहुत

चुरा लूँ तुम्हें
क्षण भर के लिए
सारे संसार से

रख लूँ अव्यक्त वेदना सा
अभेद्य किसी कूप में
तर्क और युक्ति
चला नहीं पाए जीवन
विषमताएँ हो गईं बहुत
बातों के आघात से

चाहूँ तुम्हें,
और तुम से मुक्ति,
षड्यन्त्र यह—
केवल,
अपने प्रति

देखती हूँ सब
सुन भी रही हूँ स्पष्ट
पर अभी
कह नहीं सकती कुछ भी
दाँतों में दब गया है—ना,
प्रतिवाद नहीं
आतंक कोई
□

ऋतु

सूरज नित नियमित
आता रहा
पर मैंने अनदेखा किया

बीतते रहे वर्ष,
ऋतु,
अवहेलना बदल गई
अपमान में

एक दिन नहीं आया सूरज
ऊबी पहले
फिर झुँझलाई
कठिन हुआ कर्कश-मन,
जीभ ज़हराई

ढल गई घड़ी
रात पर नहीं ढली
सहम गई साँसों की गति

यदि वह न आया
यदि वह
यदि !
☐ 12.2.86

चील

जो था
वह
था भी कभी—
नोचती शंका,

अचानक
चील सी।

□ 15.2.86

विलाप

तुमने कभी दशरथ सा
विलाप किया भी यदि,
अपनी
मदान्धता में खोकर सब

बहुत विलम्ब हो चुका होगा।

पश्चात्ताप से नहीं लौटेंगे
हमारे सुख के
राम तब

□ 20.3.86

उपालम्भ

तुम मुझे प्रेम नहीं करते,

करते हो प्रेम
मेरे प्रेम को

यह जानती भी यदि
मैं तुमसे विमुख नहीं
तो
प्रासंगिकता क्या फिर
किसी उपालम्भ की ?

अपने से विवश तुम
मैं भी

□ 4.3.86

छल

अब तक मेरे साथ
जो छल हुए,
वे मैंने किए

कभी जिज्ञासा कभी उत्कण्ठा
विवक्षा कभी,
अपनी तह तक उतारने
अन्य की सीढ़ी

छोटी बड़ी कूटनीति
छद्म या फिर
नग्न ही

नहीं बचा कहने को कुछ

शेष है विविक्त जीवन
और दर्प के
शत-शत उद्भिज

□ 13.2.86

भाग्य-रेखा

जानती हूँ जान जाएँगे सभी
किसके निमित
परिदाह इतना

पर छुपाने का भी हो
क्यों कर जतन
छिन्न लता सी
सूखती है,
भाग्य-रेखा !

□

सरोवर

इस झुलसते शहर में
जहाँ सब प्यासे हैं
पानी नहीं

तलौंछ तक सोख ली जाती है
हर कुआँ और बावड़ी

हमने कल्पित किया एक सरोवर
और उसकी रक्षा की

तुम्हारी निष्ठा
मेरी भक्ति स्वतः प्रमाण थी
अपेक्षित नहीं था दोनों को
प्रशस्ति पत्र कोई

सरोवर है अब तक वहीं
पर तुमसे असम्पृक्त मैं
धूप हूँ
दोपहर की

□

कारा

यह जो जल गई
सुवर्ण पुरी नहीं थी—
यहाँ थी शिखरदशना,
स्तबक-नमित मंदार वृक्ष
शिशु सा सींचती

जिस कारा में
घुटे तुम,
वह तप्तकांचन-तृण बया का
नीड़ थी, संकरा,
अशोक वाटिका नहीं

ये अदर्शना, भयावह
आकृतियाँ जो हमें घेरे हैं
अभी तक,

हमारे ही खण्डित रूप हैं
अपराध-आँकड़े नहीं

□ 29.6.86

यत्न

छीन लो मुझसे
मेरी स्मृति
भीतर की ज्वाला
भस्म करती
नहीं होता वहन
अभिमान खण्डित

हर बार

प्रण तो किया :
अब नहीं सम्भव होगा कोई प्रहार,
हाथों से रोक लूँगी,
या रोक लेगा अनिश्चय

पर नहीं,
फिर वहीं—

एक एक पल
अग्नि गिरा जल।

कटा नहीं आयु का जंगल
सौ यत्न कर
□ 17.1.86

कोटर

कान दे जिसने सुना
अनुराग गीत
हिंसहिसाने लग गई अब
उसी तरू की
कोटरें

कम तो नहीं होता
कुछ भी कहीं,
केवल मुट्ठी
बँधी रह जाती है
शून्य में
□

केवल शरीर

तुम मन से अप्रस्तुत
सम्मुख हो
केवल शरीर

और मैं भयभीत
रोती हूँ भीड़ में
भटक गए बच्चे सी

नहीं रोकता कोई हाथ,
कहती देववाणी,

लौटेगा फिर चन्द्रपीड़
रक्षा कर इस देह की

□ 25.1.86

कितने लोग आ जा रहे हैं

कितने लोग आ जा रहे हैं
उस राह से
जिस पर तुम्हारे आने का
समय निश्चित था

कितनी निरर्थक हो गई भाषा
जिसे तुमने
निःशब्द सुना

कितनी संकुल दृष्टि
जिसमें तुम्हारी ही
भंगिमाओं का बिम्ब था

□

चिर गई हँसी

तन से
मन से
और आत्मा के उस संस्कार से
जिसने अपना सौभाग्य तिलक
तुम्हारे माथे दिया

तुम्हें

जीवन,
मृत्यु, और
मृत्यु से परे
जो जीव की गति है
सभी में त्यागते हुए
मैंने झेले हैं निरस्त्र
वे सारे प्रहार
जो तुम ने मुझ पर
या मैंने तुम पर किए
चिर गई हँसी
आँखें भी
हिरती हैं अपने ही जाल में
ललकता नहीं हृदय,
पाँव
सो गए हैं
टिके टिके
पर कितने,
निकट मैं
अपने !

☐ 4.12.80

पंजे

बातें बातें बातें !
नए आरोप
प्रत्यारोप
नुकीले पंजे—
पुराने घाव में
□

टूट जाता जब जहाँ से

टूट जाता जब जहाँ से
आप जीवन
जोड़ फिर पाते नहीं
संकल्प सारे

थे बहुत ही वज्र से
निश्चिय तुम्हारे
और मेरे हठ कहीं भी
कम न थे

बह गया भावी हमारा
एक पल में
रोक पाए तुम न मेरे
यत्न सारे
□

छाँव

तप्त तवे पर
जलते जल सी

पहले दिन की व्यथा
असह भी,

हो जाएगी धीरे-धीरे
छाँव तरु की

तरु के नीचे
साँझ ढले पर जैसे न थी

□ 18.1.86

टूट कर ही क्या होता

उन दिनों चाहा था सम्बन्ध
लता और पेड़ सा
शिखा से जड़ तक

अब,
सम्बन्ध जलते दीये सा
चुपचाप चुकता

मुझमें
'मैं' नहीं द्विधा,
टूट कर ही क्या होता ?

□

ज़िद

यदि इस रिक्तता को
भरने के लिए जरूरी हैं
दोहरे स्तर,
जरूरी हैं दलीलें

फलमूलक,

जरूरी हैं अपमान को भूल
उतरना
उस गहर में

जहाँ व्यक्ति वस्तु है
और भक्ति
उपभोग

तो सुनो
प्रिय मेरे,
मैं वर रही
खालीपन
अपनी ज़िद के लिए

□

हिंसा

उँगलियाँ तो उठी थीं
केवल दुलराने
सन गईं कैसे नखों तक
रक्त में ?

दहल गया जीवन—
इतनी हिंसा !

मैं तुम को करती हूँ
तुम भी कर दो
मुझको क्षमा

□

मृत्यु

प्यार अन्त तक नहीं मिला
मिली भ्रान्ति
एक स्वप्न से दूसरे
स्वप्न के टूटने तक
आधे विश्वास
सान्त्वना झूठी

अपनी मृत्यु से भी
हर बार
शब्दों की मृत्यु
बहुत खली

□

शर्त

जब जब किए अनकिए को
उचित अनुचित की
तार्किकता से नापा

तब तब वाक् की
क्षय हुई क्षमता
व्यक्तित्व की समष्टि

मेरा विश्वास
मेरी ही निरामयता की
शर्त थी

□

सन्धि-पल

अभी अभी डूबा है सूरज

न दिन,
न ही रात
न लौ दीये की जलती

अभी अभी टूटा है पल्लव
न धरती
न आकाश
न डाल पकड़ जो रखती

□ 18.1.86

पँखुरी

वृंत पर
अन्तिम विवर्ण पँखुरी ज्यों
हार रही काल से

डूबते, जल की सतह पे
छटपटाते
हाथ से

उस विदा-बेला विदारक
मन्त्र वे
स्वस्ति के !

□ 28.2.86

रात

पलक पिराये रात
युगों के बाद

वही झींगुर
वही निस्तब्ध-बस्ती
डूबती सी थाप वैसी
रतजगे की

पर नहीं भीतर सुलगता
स्वप्न वैसा
कसमसाती
कल्पना की कौमुदी
□

लिपि

एक पुस्तक लिखने लगे
पढ़ते पढ़ते एक पुस्तक
लिखा, 'मैं'
लिखा, 'तू'
लिखा...

दो अक्षर के बाद ही
लिपि क्यों
बहने लगी वह

आँख सी ?
□

गई कहाँ वह

पास आकर बोली हवा,
मुट्ठी में लो
साथ चलूँगी
श्वासों में ढल श्वास बनूँगी

तरु सिहरा,
शिराओं में जागा
भ्रम गति का

खोले बाहु, दिया बिसरा
वक्ष पर अम्बर टिका,
शाखा पे तिनकों का ऋण
स्पन्दन कोटर में
गाते खग का

उड़ा तरु जब चली हवा
अभी यहीं थी
यहीं कहीं थी
गई कहाँ वह
किधर,
हवा ?

☐ 24.6.86

जिस घड़ी थम जाता

जिस घड़ी थम जाता
प्रवाहित,
विराट नदी सा
नेह सम्बन्ध कोई,
उस घड़ी का भान

पहले से कभी होता नहीं
रह जाती टीसती याद
समर्पित कगार-कोर की

झुक कर पीते पत्तों,
भीगते युवा तन,
अंजुरी में निवेदित
पुष्प की
□ 26.2.86

मन्दिर

लग गए मन्दिर में जाले,
भूल हुई कुछ
भक्त या भगवान से ?
दीया जलता बेमन,
गूँजता नहीं शंख, घंटा भी
मौन टँगा है तब से

कतराए से दोनों—

भक्त देखता अपना ही नख
गर्दन डाले,
प्रभु देखते दूर
दिशा में खाली

नष्ट हुई महिमा,
परिसर से
उठे हाट-बाजार,
घाट पर
कीच नहीं पैरों की
□ 1.3.86

सन्दर्भ

वही कुआँ,
वही चाय के स्टाल
न्योतते ट्रकों को
सड़क किनारे

वही खेत, चरवाहे शायद नये
जहाँ तक जाती है मेरी स्मृति
वहाँ तक यही गाँव चित्र लिखे
यह वृक्ष करता दण्डवत प्रणाम
किसी वनदेवता को अब तक

इन निर्जीव सड़कों से जुड़े सन्दर्भ
गये उभर,
नहीं ज्ञात उनके पते, पर,
साथ साथ आकर चले जो

अंत का संकल्प कर
□

अनुबंध

यह पहला पलाश फाल्गुन का
कि ज्यों जीवन के हाशिये में किसी ने
लाल स्याही से
शून्य लिखा

एक बसंत का अनुबंध
दूसरे तक भी नहीं चला
रह गया दग्ध तरु लज्जित
फूल फूल सुलगा
□ 2.2.86

तुला

संयत होने को तुला
इधर उठी, कभी उधर
झुकी,
बाटों पर बाट दिए
आधे, पौने,
सेर, पचसेरी
डंडी लेकिन नहीं सधी

क्लांत हाथ, तकते-तकते
आँख थकी

एक ठौर का भाग्य नहीं था—
नहीं टिकी

□ 24.1.86

कृति

जिसे हाथों से बनाया
अंग-अंग
भरे रंग
मुखर रूप अप्रतिम

आ गया उसे लेने
क्रेता हो मुग्ध,
देखता रह गया
निर्माता—
दूर जाता प्राण अंश—
गूंगे सा !

□

चैत

चैत लगते ही
घर की परिक्रमा कर
क्रन्दन करता जो—

बस पक्षी है,
न चकवा
न पपीहा

न टिटहरी

फूल भी अब फूल
न गुड़हल
न किंशुक
न कनेर, मालती

पेड़ भी बस पेड़
न छतनार
न कदम्ब
न शीशम, गिरीश

सम्बन्ध भी केवल
सम्बन्ध,
न प्रीत
न अनुराग
न ममत्व, भक्ति
☐ 16.2.86

अपेक्षा

मेरी चटुल श्यामा को
नहीं मिला

स्मृति का वन-केसर

कण्ठ से फूटी नहीं
सरस्वती, ईला,
भारती

वंचित अतीत के सभी

अर्थवान से
बैठी रही मौन
अन्दर के ठूँठ पर
ठगी
हतप्रभ
□ 1.3.86

कनिष्ठिका

कहनी नहीं आई मुझ को
प्रस्तावनाएँ
बड़ी बड़ी,
न बातें सिद्धांत
संकल्पना की

यत्न भी नहीं किया मैंने
दिखूँ वृहद
कनिष्ठिका तक से

जब मुझे नहीं अखरा
मेरा लघुवृत्त,
अन्य को इतनी
आपत्ति क्यों थी ?
□ 28.2.86

कभी गिरा घर

कभी गिरा घर,

कभी सड़क ही
डूब गई पानी में

पैरों को पीछे ही रोका
शब्दों को जिह्वा पर टोका

फिर भी कितने मरण बचे थे
शेष मेरे जीवन में

आँखों ने बस दूर से नापी
नीलाम्बर की
गहरी छाती

शर लेकिन उससे गहरे कुछ
गड़े मेरे प्राणों में
☐ 18.1.86

कौन सा है देश, कहना

कौन रे पलाश,
तेरी साल पे हर साल
ऐसी देह छींटे लाल

भूल तू बैसाख पिछले
धौंकनी से ताप जलते,
डोलता नभ के तले
अभिसारिका सा,
बाट देखे ?

कौन सा है देश,
कहना,

कौन ऐसा मीत अब भी,
राग जिसको देखते ही

रंग होकर अंग बिछले
□ 17.3.86

अग्नि

कहाँ चटकी कली
इस वर्ष,
झरा मधु
नहीं मालूम

मालूम है, आकाश
जल रहा
बीचों बीच
झुलस रही वनराजि

किन्तु
उड़ेगी नहीं
हठीली सोनचिड़ी

भस्म हों अब
कनक-पंख,
मान
सुरसिक्तकण्ठ का भी
प्रचण्ड हो और—
और,
और-

हुताशना,
हव्यवाहना है
अग्नि,
हरितमा का

अनृत नहीं
☐ 18.3.86

रात ही रात

नहीं दीवट
कहीं प्रकाश
रात ही रात !

कहाँ तुम्हारे चरण-चिन्ह
कहाँ संकेत
आतंक भेदती कहाँ
अटल आस्था-रेख ?
☐ 3.2.81

तुम कहो

अर्चना के थाल में अर्जित
तुम्हारे कल्याण का यह भावदीप
क्या तिमिर की ओट कर दूँ
और कहूँ कि अब नहीं
होगा कभी संकल्प यज्ञ,
न ममत्व का फूट पायेगा
घनेरा वृक्ष-वट

भूल जाऊँ वे सुगन्धित
कल्प प्रज्ञा के जिये
और स्वस्ति वाक् जितने
सहज ही सम्भावित किये

तुम कहो कैसे तुम्हारे
दंश के अब इस गरल को
आचमन सा
आत्मा को ओक कर दूँ ?
□ 4.3.87

गा तू मुझमें

यह संकट-पल
स्वर देवता,
तुझको जगाती हूँ

गा तू मुझमें,
मैं गाती हूँ
□ 10.10.80

तितिक्षा

जिस असीम अगाध पर
बहे साथ,
छितरे,

कहते उसके तितिक्ष छोर,

कहती शब्दों की समिधा,
कहती प्रत्येक हेम भोर

तुम वहीं
आलोक यह
खींच रहा जिस ओर।

☐ 5.3.86

आक्रोश

द्रवित सारा दिगन्त,
मिथुन-रत
पक्षी के वध से नहीं
न ही प्रिया के दारुण रुदन से,
द्रवित
स्तब्ध-साक्षी के
अवश,
आक्रोश से

मेरे वाल्मीकि कभी
चुप नहीं होते।

☐ 5.3.86

इस चैती शाम को

इस चैती शाम को
ओढ़ लेना चाहती हूँ
गर्म शॉल सा

और भूल जाना चाहती हूँ
एक पूरी बर्फीली ऋतु
नहीं—
मृत्यु

उस आकाश को
जिसे पहले पहल
देखा था माँ के घर
बाँधे टकटकी
और मादकता कटीली एक
उतर गई थी मेरे स्वस्थ युवा शरीर में

भूल जाना चाहती हूँ
घातें दोहरी
बात एक मुंह की भीतर की दूसरी
पाना चाहती हूँ एक और
नक्षत्र फिर

टक गया है जो औचक
इस विषम रात में भी
साँस लेना चाहती हूँ
एक और कविता में
अपनी

□ 9.2.87

ब़हुत कुछ और भी

नहीं देखी थी बहुत दिन से
गिलहरी, थिरकते थिरकते थम

वृक्ष के वितान पर
वार्तालाप करती,

नहीं देखी श्यामा, तीक्ष्ण चोंच में
मालती मकरंद भर
मन भर पीती;

नहीं देखा आकाश थिर
समय की भिन्न गतियों से उपरत,

अविकल साक्षी
विध्वंस के द्रुत, विद्युत-क्षण का,
पश्चाताप के मन्थर गणित का भी

नहीं देखा चाँदनी का चन्दोवा
चुपचाप छत पर तना
नहीं देखा बहुत कुछ
और भी

□ 10.5.86

याद

आज कल बहुत याद आती है मुझे
वह लड़की
जो उछल कर बाहर आती थी
मुझमें से ही और हँसती थी
पावस में गुलमोहर पे
धूप सी

याद आती है मुझे उसकी

वह आर्द्र उमड़न

समय के प्राँगण में
रजत-नुपूर-खनक

याद आती है
नहीं देखती उसे जब
न यहाँ न वहाँ

छितर जाती थी जिधर वह
मयूर-पाँख सी ।

□ 29.6.86

काया

झूठ एक पत्ता है
जो कभी कभी
तेज हवा में छोड़ देने पर
बहुत दूर जाता है

वृक्ष कहता नहीं कुछ भी
सहता है

उसका यह न कहना ही
सत्यता है उस चिरंतन की
जो नाव, बल्लियों, मेज
या फिर बदलती रहती है
राख में ही

और राख क्या
पाँचवीं नियति नहीं

काया की ?

□ 2.3.87

हवा

अपने आप कभी नहीं मरता फूल
मरता है उस हवा के मारे
जो सुबह

करती गुहार
चूम लेती पँखुरी की
अन्तिम परत कोमल

फिर बदल जाती पाकर सुगन्ध
धीरे धीरे

रोकता तब फूल दोनों बाँह पसारे
लौटती नहीं वह
लौटते हैं लू के थपेड़े
छोड़ देता फूल तब
आत्मरक्षा के यत्न सारे

अपने आप कभी नहीं मरता फूल
मरता है केवल हवा के मारे
□ 12.5.86

चोंच

एक ही कहानी थी
हर कहानी में :

वर्तिकाओं ने जोड़े सिरे
फूलों ने आलिंगन किए
पक्षियों ने चोंच, चोंच में दिये

बुझ गए दिये—
धुएँ से घुटते, घोटते,

गिर गया फूल—
अन्य के आघात से

उड़ गया पक्षी छेद वक्ष
दूर की आवाज से

फिर ? पूछा जब,
जोड़ दिये वर्तिकाओं ने सिरे
फूलों ने आलिंगम किये
पक्षी चोंच खोल बैठे
चोंच के लिये
□ 25.5.86

जिह्वा

कैसा लगता है टूटे किले की प्राचीर पर
खड़े होकर सुनना अपनी पदचाप से
जागते फव्वारे, किल्लोलित हँसी
हार, झूमर, सतलड़े
मदिरा रक्त में धीमी, उच्छ्वास-
रंजित, रति-राग-रातें ?

कैसा लगता है फिर
बैठे बैठे
पैरों के नीचे सुनना कराहें,
चीख मृत्यु की
डंके पर चोट,
हिनहिनाहट विध्वंस की ?

भागते भागते देखता फिर
अस्थियों के ढेर में
मूठ खंजर की जंग लगी,
धृष्टता
कपाल फोड़ उगे पीपल की ?

बदहवास भागते जाना
बिन रुके तब, रोकने
किसी चिर परिचित विकसते शहर में
पुनरावृति विनाश की—

कैसा लगता है
देखना बन्धु,
कटी जिह्वा इतिहास की ?
□ 10.5.86

मृदंग

अब याद नहीं
किसके लिये लिखा क्या क्या
और क्यों—

याद है शब्द
एक एक सुबह के फूल सा
खिलता,

अर्थों का मधु
रसना पे नित-
नित रिसता

अवचेतन में लय का मृदंग
अब तक बजता—
याद है, केवल कविता
□ 9.3.87

रंग-रति

(जनवरी 1986)

रंग-रति

कान्हा, शिशिर की रात आग सा
जले शयन आगार

शैया शीतल पल भर पहले
पल भर में अँगार

जले शयन आगार

ठिठुर ठिठुर तन काँपे मेरा
चादर हो गई क्षार
जले शयन आगार
कान्हा, शिशिर की रात आग सा

तुम भी क्या ऐसे हो जैस
जल बिन कातर जेठ महीना

झुलस झुलस कर
तप गई काया
पात गिरे सब
तरु बिन छाया

तुम भी क्या ऐसे हो जैसे

जल बिन कातर जेठ महीना

पग नहीं एक उठत कस आऊँ
दिन छितरे छितराई रैना
किस विधि चैन तनिक तन पाऊँ

पग नहीं एक उठत कस आऊँ

कौन जन्म का लेखा-जोखा
क्या देन बचत क्या पाऊँ

पग नहीं एक उठत कस आऊँ

अली, विकट विकराल कटे ना
लम्बी काली रैना

उठ उठ देखूँ भोर दिशा में
सोए सकल जग चैना
अली, विकट विकराल कटे ना
लम्बी लम्बी रैना

कितने पहर बाकी हैं कितने
घण्टे-घड़ी-पल, कहना
अली, विकट विकराल कटे ना
लम्बी काली रैना

कौन नया यह मन्त्र तुम्हारी

साँसों से कानों में जाए
जाग उठा
सारा सचराचर
फूलों सी चटकी
उल्काएँ
रागों से रंजित हुई वाणी
अधर-पुटों तक रस सरसाए

जाए नहीं पर
हाय नहीं जाए
देह धरण का द्वैत न जाए

आना तुम वायु के जैसे
हर साँकल से हर द्वारे से

पात-पात पे नाम तुम्हारा
कण्ठ-कण्ठ में वाणी
हर दम आँसू सजल नयन में
गात हुआ सब पानी

क्या मेरा क्या अपना-पराया
लोक लाज मर्यादा
बिसर गए, सब बिसर गए
मूढ़मति भई राधा-

आना तुम वायु के जैसे
हर साँकल से हर द्वारे से

धीरे-धीरे प्राची जागे

दिशि-दिशि फैली अरुणाई

बालक सा मन आतुर मेरा
क्या तुमने आवाज लगाई

यहाँ नहीं तुम, वहाँ नहीं तुम
किस तट ढूँढू, किस अमराई

करो श्रृंगार सखि सब मोरा
आज अनल सा यह तन गोरा
करो श्रृंगार सखि सब मोरा

केसर लाओ चन्दन लाओ
दूध-दहि बटना करवाओ
मीत मेरे अति आज अधीरा

पुष्प सँजो दो बाल यूँ मेरे
दीप-कीट ज्यों दिपें अँधेरे
छूकर चंचल चले समीरा

हार भी लाओ झाँझर लाओ
करधनी आकर कटि सजाओ
दूर से नूपुर करें निहोरा

करो श्रृंगार सखि सब मोरा

इक दिन संध्या को वायु
नीरवता से यों बोली,

पत्तों को मैं जड़ कर दूँगी
तुम पक्षी चुप कर लेना
रातों की है रात आज,
यह रैन रति-की रैना

आयेंगी अलि डरी-डरी सी
सिमट-सिमट के
चकित, ठगी सी,
दीपक जलने मैं न दूँगी
नभ सारा तुम ढक लेना

आयेंगे अली आतुर बेकल
कम्पित वाणी
कम्पित पग, कर
शैया कोमल मैं कर दूँगी
तिमिर पटल तुम लाना

रातों की है रात आज,
यह रैन रति-की रैना

सूरज ने जब हाथ लगाया
तन-सरसिज अकुलाया
धीरे-धीरे
पँखुरी-पँखुरी
रंग-रति अरुणाया

ऐसा सलिल तुम्हारे सुख का
बहे मेरे अंगों में

प्राण मेरे डूबे ज्यों चुम्बित
तट डूबे धारा में

कठियाया सा मानस मेरा
उतराया जल-तल में

बहते रहना, ऐसे बहना,
श्वास चले ज्यों तन में
फूल रहें ज्यों गंध में,
चन्द्रकला अम्बर में

ऐसा सलिल तुम्हारे सुख का
बहे मेरे अंगों में

भीग गया, री
तरु चन्दन तन
अम्बर भई सुवास

लौ लागी मन
लपट लपट जर
जंगल जारे आग

नहीं मेरा कुछ
कई जन्मों का
संचित था ये भाग

रात-रात भर चले तुम्हारे
अधरों का आघात

जिस करवट भी करवट कर लूँ
कसे वहीं भुजपाश—

कैसे रसिक तुम अथक कन्हाई
कैसा किया विनाश

उमड़-उमड़ मैं बावरी हो गई
शेष तुम्हारी प्यास-

रात-रात भर चले तुम्हारे
अधरों का आघात

बिन चाखा मधु माधव मेरा,
किंशुक-कोमल कंचन-उर यह
द्रवित-क्लेदित तरल-तरंगित
उमड़-उमड़ भर आया

अनबींधी मुक्ता सी, माधव
नित नूतन उषा ज्यों रंजित
सम्पुट कर में पद्म सुगन्धित
अर्पित आकुल काया !

कुछ तो कहो क्या बात हुई कल

काहे ओठ पर हाथ रखे हो
काहे छुपाओ नील वक्षस्थल

काहे बोझिल भारी पलकें
काहे पाँव में एक ही पायल

काहे झुक-झुक भुज निज चूमो
काहे देखो दर्पण पल-पल

कुछ तो कहो क्या बात हुई कल

दिन यह मेरे बड़े भाग्य से
जी भर जीने दो, आली
कल माधव जो चले जाएँगे
जीवन होगा बिलकुल खाली

कह दो दिन से तिथि न बदले
कह दो रात से हो अति काली

तन से कह दो झुक जाए सारा
फूलों को लेकर ज्यों डाली

कल माधव जो चले जाएँगे
जीवन होगा बिलकुल खाली

एक कुआँ कोई मेरे तन में
गहरा गहरा गहराया
जल से भर कर पूरा-पूरा
भीतर-भीतर उतराया

उतर चलो
उतर चलो

पत्थर से भी सूखा था जो
वह मन मेरा सरसाया

एक कुआँ कोई मेरे तन में
गहरा-गहरा गहराया

वात झकोरे
सर-सर पल्लव,
गुंजित कुंजन
पक्षी कलरव,
आलिंगन सा
भोर का सूरज

कब मिलोगे,
कहना, फिर कब ?

नंदन वन यह तेरी प्रीत का
बढ़ आया है
मुझमें ऐसे

लगे कि हाथों पैरों में भी
फूट पड़ेंगी
पल्लव-शाखें

मेघ तड़ित सी
सुधि मानस में
मैं डोली जस नाँव

वक्ष ने छोड़ा

वस्त्र लाज़ का
ढोलक धाके पाँव

दूर बहुत तेरा गाँव
दूर बहुत तेरा गाँव

इतना मधु, इतना मधु
इतना मधु
तेरे हाथों में, तेरी बातों में

हाथों से जब तन पे मेरे
रचने लगा तू रंगोली
पके कनक के खेत सी काया
सारी की सारी डोली
इतना मधु तेरे हाथों में

पीछे-पीछे कान्हा तेरे
आ गई मैं इस पार
इसके आगे, जीवन मेरे
कहना क्या संसार

मैं तो केवल इतना जानूँ
जानूँ न कुछ व्यापार

तुम इच्छा तुम सारी सृष्टि
ईश्वर तुम साकार

आ गई मैं इस पार

न आओ न याद करो—

दिन तो मैंने काट लिया
संध्या भी जाती ही होगी
पक्षी लो चल पड़े नीड़ को
न आओ न याद करो

रात हुई पथ देखूँ अब ना
बंद देहरी, दरवाजा, अँगना
तीन पहर बस रहे भोर को
न आओ न याद करो

तुम बिन जीवन ऐसा होगा
जैसा जल से खाली ताल

न नभ ही प्रतिबिम्बित होगा
न बगुलों की धवल कतार

शाखा झुक न तट चूमेगी
प्रिय-वदन जस मुग्धा नार

गूँजेगा न गीत कभी फिर
न घुँघरू की वन-झंकार

तुम बिन जीवन ऐसा होगा
जैसा जल से खाली ताल

तुम जो पल में भरी धूप सा
हो जाते थे ताप तपे से

कहना इतने दिवस महीने
दूर रहे प्रिय हम से कैसे

कहते जिसको लवंग-लता तुम
तन्वंगी, प्रिय, चारु-शीले
आकर देखो तन पर उसके
कंटक कितने उगे कँटीले

तुम जो पल में भरी धूप सा
हो जाते थे ताप तपे से
कहना इतने दिवस महीने
दूर रहे प्रिय हमसे कैसे

कहने को थी
कितनी बातें
एक न कहने पाये
भूल गयी भाषा

अर्थों से
शब्द नहीं जुड़ पाये

साँस रुकी जो
रह गई भीतर
शूल-सी उर में जाए
केवल आँखें पूछ रही थीं
प्रिय आए—घर आए ?

मैं जलधर तुम जल की वृष्टि

एक ऋतु का साथ हमारा
उँगली पर मैं दिन गिनती

फिर वियोग फिर बाट तुम्हारी
फिर आयु का पर्वत भारी
काहे विधना खेल ये खेले
काहे मैं निर्दोष ही मारी

तुमसे कहूँ मथुरा को जाओ
जाकर कुल की रीत निभाओ
अपने जन्म से कह दूँ कैसे
बनो चिता अब जल जाओ

मैं जलधर तुम जल की वृष्टि
एक ऋतु का साथ हमारा
उँगली पर मैं दिन गिनती

प्रिय यदि पराधीन न होता

इसी कदम्ब की छाँव में गोदी
लेकर तुझको केवल गाता

तू सुनती सुन कातर होती
कम्पन दोनों के उर होता

प्रिय यदि पराधीन न होता

आए हैं मुझे लेने, आली
घड़ी बिदा की देख न ऐसे,
तू ही मेरा रूप थी राधे
बिन तेरे मैं कृष्ण न होता

प्रिय यदि पराधीन न होता

उड़े पखेरू वृक्ष हुआ ज्यों
खाली घर का सूना द्वार

संध्या कोई सुर न लाए
न दीवट न जोत जलाए

मरघट का सन्नाटा निशि में
तन रूखा सब बिन श्रृंगार

उड़े पखेरू वृक्ष हुआ ज्यों
खाली घर का सूना द्वार

कल्पना तक
जिसकी असह थी
प्रारब्ध मेरा
अब वहीं

कल तक तो यह तन था
तन में
मान ठिठोली
प्रणय कोप के
रंग गुड़हल ज्यों
लाल, सहेली

एक निमिष में
टूट गया सब
ना तन अब, ना
तन में सोंधी
सहज सुलगती
आँच, सहेली

राधा नहीं, कह राख सहेली

मुझको केवल यह बतला दो
कितने जन्म के बाद, कहाँ अब
किस विधि तुमको पाऊँगी

कट-कट कर जीवन की अवधि
आखिर कट ही जाएगी
रात काल की देख के काली
भुज दोनों फैलाऊँगी
तेरा ही रंग उसमें होगा
निर्भय अंक लगाऊंगी

लेकिन मुझको यह बतला दो
कितने जन्म के बाद कहाँ अब
किस विधि तुमको पाऊंगी

पहले गिने दिन
पखवाड़े
फिर
वर्षों के क्रम

मेरे गणित में
जन्मों के अब
आँकड़े

कौन जतन करूँ साँझ, ऊधो
कौन जतन करूँ साँझ

दिन तो दिन संग बीत गया
अब, कौन जतन करूँ साँझ

रोए विहग सा मन अम्बर में
नीड़ नहीं नहीं छाँव, ऊधो

वह सपना था या सपना यह
कोई मुझे समझाए, ऊधो,

कौन जतन करूँ साँझा

बिरही जाने व्यथा बिरह की
और न जाने कोई

फागुन हो या सावन, मंगसिर
बिरह-ऋतु बस दोई,
या तो सूखा पड़े जेठ का
या भादों भर रोई

बिरही जाने व्यथा बिरह की
और न जाने कोई

तन जो मेरा पानी-पानी
हो जाता था तुम से सारा
रंग पलाश सी उसके भीतर
धधका करती नित-नित ज्वाला

आज हुआ ज्यों खाई जिसमें
घायल जन्तु, घुप्प अँधियारा
तेरी माया तेरा साया
कृष्णा, तेरे संग बिहाया

तन जो मेरा पानी-पानी
हो जाता था तुम से सारा

कोयल सी कूकी थी, कान्हा
कच्ची वयस की प्रीत कुँआरी

वह हाथों की शीतल गर्मी
गर्मी में ज्यों बरखा धीमी

पैरों की वह थिरक निरंतर
मोर चले ज्यों पंख झटककर

आलिंगन वे दौड़ दौड़ कर
आ टकराएँ जैसे दो शर

बूँद-बूँद वे मास मधु के
अग्नि में ज्यों जल के छींटे

कोयल सी कूकी थी, कान्हा

आएगी जब याद प्रिय तुम
आना चाहे न आना
लेकिन लेकर नाम मेरा तुम
कोई सन्देशा कहलाना

जीवन होगा कितने युग का
हर युग में दुख कितना होगा
किसने कभी पहले से जाना
लेकिन लेकर नाम मेरा तुम
कोई सन्देशा कहलाना

जिसके भी तुम जैसे भी
रहो सुखी तुम
रहो जहाँ
मेरा मन गंगा का दीपक
जल में जले
और बुझे वहाँ

कितने कितने युग बिरहा के
इतना ही था
मिलन यहाँ

सूख गया जल
भीतर का तल
फटता जाए
दहल-दहल कर

ऊपर आतप

नीचे शत-शत
बिलख रहे
प्राणों को जलचर

जिन हाथों से वक्ष पे चन्दन
पैर महावर, भाल पे रोली

जिन हाथों से हाथ को पकड़ा
बाल बिखेरे, वेणी खोली

उन हाथों से कैसे वधु का
चिबुक उठाया, लाज टटोली

हाय मैं कैसी आग जलूँ, री
हाय मैं कैसी आग चलूँ, री

आँगन-आँगन गन्ध आँच की,
हर गृहिणी को बाट रात की
मैं बैठी दीपक उलटाए-

साँकल-साँकल कर के सारे
बजने लगे जब घर-घर द्वारे
शीशा सा कानों में जाए

जब जल रीते धरती सूखे
सह न पाए, फट जाए

जब सूरज का स्पर्श न आए
तरु सहे न, पात गिराए
सागर से जब संगम छूटे
मीन तड़प कर प्राण गँवाए

मैं हाय, जो धरती होती
हरि बिना फट सारी जाती

मैं हाय, जो तरु ही होती
पत्ता-पत्ता झर जाती

मीन का भी जो भाग्य मैं पाती
हरि गए पे प्राण गँवाती

मैं राधा, केवल दुखियारी
नारी होकर, हा, मैं हारी

प्रेम करे न, प्रेम करे न,
प्रेम करे न कोई—

प्रेम कि जैसे सर्प की बाँबी
हाथ कटे विष होई
प्रेम करे न कोई—

प्रेम बिना जीवन कट जाए
प्रेम मरण-सम होई
प्रेम करे न कोई—

एक-एक कर सो गए प्राणी

दीप बुझे सब राधा रानी
काहे बैठी खोल किवड़िया
काहे झर-झर आँख में पानी

तू रोए मैं सो न पाऊँ
क्या तू, तुझको आ समझाऊँ
मैं जीवन तू लीला सारी
जनम-जनम बस तुझे रचाऊँ

छू ले अपना हाथ हाथ से
मैं ही तेरे सकल तन माहीं
काहे बैठी खोल किवड़िया
काहे झर-झर आँख से पानी

पहले मुझसे पूछो क्या वे
फिर कुछ उनको कहना, आली
जाने किस शैया पर जागें
कितने अकेले हों बनमाली

जो कुछ भी था उनका अपना
रख दीन्हा सब मेरी झोली
मैं क्या देती, जाने लगे तो
माधव थे हाय, कितने खाली

मेरा रुदन तो जग ने देखा
हरि ने अपनी पीर छुपा ली
जाने किस शैया पर जागें
कितने अकेले हों बनमाली

स्वप्न नहीं वे आए थे

बैठे थे शैया पर आकर,
हाथों में रख बोले, 'लो जल'

बाल सँवारे ठहर-ठहर कर,
रोए भी थे रुग्ण देखकर

स्वप्न नहीं वे आए थे

कानों में कुण्डल को डाला
चन्दन राखा तन की ज्वाला
'राधा मेरी', 'राधा मेरी'
कह कह विकल हुए गोपाला

स्वप्न नहीं वे आए थे

प्राणों को अब जाने दो, री
देखो मेरी लट-लट सुलझी
साँसों में अभी साँस उन्हीं की
हरि कहो सब, हरि, हरि
हरि कहो सब, हरि, हरि

लगता नहीं चित्त
अब किसी बित्त
श्वास गले रुँध जाती है

तुम अंकित हर
शाख पे, कृष्णा
कुंजन से गन्ध आती है

मरने पर क्या

होगा मिलन जब
व्यथा मिलन हुई जाती है

क्या तुमको मेरी
आवाज-वहाँ भी आती है ?

कितना भीष्म यह कैसा अँधेरा
हाथ को दीखे हाथ न मेरा
कहना सखि यदि हो न सवेरा-

कान्हा-कान्हा कह वह रोई
अन्त समय तक आँख न खोई
वही छवि वही रूप था तेरा

कोई कहीं गिरे
कोई कहीं,
उड़ पाएँ पत्ते पाँखुड़ियाँ

कोई बचे नहीं
कोई बचे,
तिनका-तिनका झोपड़ियाँ

एक पाँव बस
टिके धरा पे
रह जाए दूजा बीच अधरिया

उड़ जाएँ पत्ते पाँखुड़ियाँ

बहुत देर से स्तब्ध है
व्योम
वृक्ष
हवा
नहीं बोलता कोई

पक्षी
एक भी
एक भी

केवल टपकती है बूँद
टप् से
फिर दूसरी
दूसरी,

नहीं ज्ञात
कहाँ
पानी थी
या रक्त की
□

एक और दिन

(1979-82)

तुम्हें ही होगा पता

तुम्हें ही होगा पता
क्या है कला
कृति, रचनाधर्मिता

मेरे पास तो खुला आंचल
बस विश्वास में
कि अंजुरी से सृष्टि की
कोई शब्द फूल

अब गिरा
अब गिरा
□

तुम्हारा-मेरा सम्बन्ध

तिरता हुआ आप ही आप
वह हमारे बीच खिल आया :
तुम्हारा-मेरा सम्बन्ध

पर झेल नहीं पाया
पहला ही प्रहार
यह बहस अब व्यर्थ है

कि वह किस से हुआ
किस प्रकार

उसके बाद
बहुत कुछ तुम्हारे नाम लिखा गया
और कम नहीं पाया मैंने

पर कितने सतर्क हो गए हैं हम
फूलों की सम्भावना से
□

वह क्या है

उसे देखकर मैं सोचा करती हूँ
कि अपने सपने
वह किस खूंटी पर टांगती होगी
मुझे मालूम है
कि उसके मन ने अभी
कहीं भांवर नहीं फेरी

पिता का आतंक है
या माँ की गिद्ध दृष्टि ?

फिर भी

कुछ तो होगा जिससे
वह अपना सूनापन
आंज लेती होगी—

वह मेरी बेटी है
मुझ से आधी उम्र वाली
और मैं जब उससे भी छोटी थी

तो सफर में अक्सर
किसी आम की बगीची
या फूस की मड़िया देख
स्वयं से कहती

जिसे मैं प्यार करती हू
वह यदि यहाँ रहता
तो मैं भी रह लेती
वह काम पे जाता
मैं प्रतीक्षा में
रोटी सेकती

मैंने चिड़िया से छोटे
सीधे सादे
सपने देखे थे, पर जीवन ने
राकेट की उड़ान भरी

कोई मड़िया नहीं
खासी बिल्डिंग है मेरी
और वहाँ रोटी
मेज पर रख दी जाती है
किसी को किसी की
प्रतीक्षा नहीं—

केवल मैं कभी-कभी
कोरे दिये सी आँख वाली
कच्ची उम्र की अपनी बेटी को
आप ही आप
मुस्कुराते देखती हूँ
तो सोचती हूँ

इसका कुछ तो मुझसे

छुपा नहीं
पर वह क्या है
जिसका पता
खुद इसे भी नहीं ?
☐ 6.12.80

एक और दिन

एक और दिन
पहर
घंटा
घड़ी
छिन

कट गया-
गिन
गिन
☐ 19.11.79

तिनके

ममता-व्याकुल
स्पर्श तुम्हारा
गहरे घाव
भरना

पतझड़-वय
अकस्मात
सम्बन्ध यह

अलस दोपहरी

गौरैया का
आले में
तिनके धरना
□

मंगल क्षण

बहुत गहरे
रोपे होंगे धान
कभी, पूजा
की होगी
शिव की,

जो मेरे पास
जो अपरिचित
आ खड़े हुए तुम
उस कातर, अति
दीन-घड़ी
□ 3.12.80

प्रेम : दो चित्र

बूदं-बूंद
रिसती मिठास
भर अंजुरी
आ पास

गंध विह्वल तन
रक्त में रंगोली
चिलचिलाये पटबीजनों पे

बरखा—
चट-चट बोली !

☐ 22.1.81

लो

लो,
मुझमें जो बाकी है
सत्य, साध साधना की
आहत चेतना से
उपजी उजास, लो

रखो हाथ सर पे,
अभय वर दो

☐ 20.10.80

तुम मुझ में

तुम मुझ में
हथेली की लकीरों से
घिसे हाथ
टूटा नहीं
अणु से अणु
नेह का बंध

☐ 1.11.79

कोई नहीं देखे

किसी फाड़ी हुई चिट्ठी के
अधजले टुकड़ों से बादल,

छिपते सूरज की
लिपि लिखे,

और पपीहा एक अकेला
शहरी घरों के जंगल ऊपर उड़ता
'कहूं-कहूं...' की धुन रटे

कोई नहीं देखे,
सुने
ठिठके
☐ 25.1.81

रचना-सृष्टि

न,
नहीं पूछो कुछ
चुप रहो

पत्तों पर फूलों के
साए-सी विलक्षण
रचना-सृष्टि,
'है' और 'नहीं' के बीच

निर्विकार
आकार लेती

नहीं पूछो—
स्मृति,
ध्वनि
आत्मा के विशुद्ध संस्कार से
कैसे
जन्म लेती
☐

जो निभ नहीं पाते

जो निभ नहीं पाते
जोड़ने के बाद, सम्बन्ध
वे टूटने से पहले
अपने विषैले दांत
जहाँ गाड़ देते हैं
वह जगह उतनी
भस्म हो जाती है

आने वाला वसंत
उसके आस पास
कोंपल खिला ले,
किन्तु
जो जल गई
वह ठूँठ रहती है

□ 21.1.81

हमारा इतिहास

तुम वह सब थे
जो तुम हुए
और मैं,
जो नहीं हुई
फिर भी
तुम मुझे अच्छे लगे
और तुम्हें शायद
मैं भी
पर दोनों के ही पास
न थी सरलता
जो सम्बन्धों के लिए
जरूरी थी

हमारा इतिहास
हमारे बीच की दूरी थी
□ 18.11.79

व्यापती रही व्यथा

सब ने सींचा
अपना-अपना सुख

तुम ने
मैंने
उसने

यों व्यापती रही
व्यथा,
उस से
तुम में, मुझ से
सब कुछ में
□ 10.11.79

सह सकोगे, बोलो

तुम मुझे आँखों से छूते हो
दूर से ही तुम्हारी हथेली
मेरा बदन सहलाती है
मैंने सुनी है तुम्हारी धमनी
जब जाग जाती है

तुम कामुक हो या प्रेमी
जानने का अब कौतूहल नहीं
पर मुझ में यदि तुम

प्रेयसी चाहते हो,
या नारी ही
तो पहले—
किसी रोमांटिक अपेक्षा से पीड़ित
युवती-सा नहीं—
मात्र विश्राम को ले चलो
उपेक्षित नदी के किनारे

बैठा रहने दो चुपचाप सुनते
सन्नाटे का गीत जब तक
प्रत्यंचा चढ़े स्नायुओं को थपक
सहज न कर दे
धंसे रहने दो मेरे पैर
रेत में घरौंदे रचते
सह सकोगे, बोलो,
बोझिल
ये रिश्ते?

□ 26.1.81

सारी दुनिया द्वार हो गई

तुम्हारी मुट्ठी के
अंधेरों में
रहे जाती
याद आकाश की आती भले, पर
लग्न तुम्हारी सांस से
फिर भी निभाती

निष्ठा मेरा हठ नहीं
आदत थी

छूटी जब देहरी अपनी
सारी जगती
द्वार हो गई
□ 20.11.79

सुना है

सुना है
तुम कहीं
प्यार से बरसे हो
लहक आयी है वहाँ
सूखती क्यारी
मैं क्यों जलूं
जो हमारे बीच
नहीं अब,

बिजली कौंधती,
भीगता गात,
घड़ी बेकल होती

कुछ देह के नियम थे
कुछ भीड़ थी बहुत,
छूटती गई
तुम्हारी हथेली से
मेरी हथेली
□ 11.7.80

बस लिया

लो मैंने छोड़ा
मानने का अधिकार

मेरे
नितांत
अपने

कहने का कुछ भी
भाव
संकेत
भंगिमा से

जानने का
कहाँ
किस विधि—
किस के

लिया बस सहना
अपने को
अपने लिए

□

जब नहीं होगा कुछ

जब नहीं होगा
कुछ, कहीं

शून्य का सिरा
शून्य से जुड़ा
तब भी
उमड़ेगा क्या
यह पथराता
लावा,
संशय जन्मा ?

□

चटक गया धीरज

चटक गया धीरज
व्याकुल
बिना स्पर्श के

पास हो
दूर से,
आश्वासन शब्द भर
देते रहते कैसे ?

☐ 15.10.80

ढूंढो तुम्हीं

रात भर आई
आवाज तुम्हारी
आहत,
कब ? कब ? कब ?

ढूंढो तुम्हीं
मुक्ति कोई
मुझसे अलग
अब

☐ 16.10.80

सरक आया हमारे बीच

भूल चले नयन
निरक्षर
नेह भाषा

नहीं देखा फिर
साथ-साथ
बादल कोई
घूमता रहा
समय चक्र

सरक आया हमारे बीच

विश्व आधा
□ 22.7.80

तुमसे परे भी तो

तुम जब भी
छूते हो,
आलिंगन में
सूख जाती है त्वचा

मुंह में
कड़वाता है विष-बोध
अपने पार्थक्य का

अब कैसे निर्वाह करूँ
कठियाते तन का,
तुम से परे भी तो मैंने
कुछ नहीं चाहा ?
□ 5.12.80

क्या हुआ, कैसे

हम जो
निर्दोष

कपोत युग्म से
केवल अपनी क्रीड़ा में
रत रहना चाहते थे
और रहे

तुमने उड़ उड़ कर चुने
मेरे लिए नीड़
मैंने गा-गा कर
स्तुति की
सृष्टि की

फिर क्या हुआ—या
कैसे—
तुमने आघात किया
और आत्म संकट वश,

मैंने हाथों
अस्त्र लिया !
☐ 21.1.81

यह कौन-सा अदेवता है

यह मुझमें कौन सा अदेवता है
जो पहुँचने नहीं देता
क्षमा-द्वार
लौटा लाता है
जहाँ दर्प, हठ
और प्रताड़ना
बटते रहते हैं आत्मा को
रस्सी-सा
कठोर

विलग जाती है
विनय
होता अपना ही वध
अपने हाथों
बार-बार

☐ 4.1.81

कुछ भी नहीं बचा

कुछ भी नहीं
बचा
फिर भी अमेट एक

खिंची है
तुम्हारे मेरे मध्य
व्यथा-रेखा

☐ 9.12.80

मुझमें अवश्य थी

तुम्हारा चेहरा तो
है—
जाना-पहचाना
पर नहीं उसमें
वह पुरुष
जिसे देख
वय और अनुभव जन्य
सारे संकल्प भूल
खड़ी रह गई थी मैं,
मुग्धा

अधीर

न,
नहीं है तुम में वह
(शायद तब भी नहीं था)
पर मुझ में अवश्य थी उन दिनों
एक सम्पूर्ण नारी
समर्पिता
□

कहाँ, अब ?

सुबह के धुंधलके सा
वह निर्दोष
संबंध
'आओ, आओ',
किलकती
सांस की रटन

डूब के
बहुत डूब के
पाए रति-क्षण

कहाँ ?
अब ?
□ 15.7.80

इस साल मौसम

बहुत झुलसा रहा
इस साल मौसम

जले जले से फूल
लता प्यासी थी
तपती रही धरती
नहीं छाया तनिक
आकाश ने दी

खो गई जाकर हवा
किस देश ?

☐ 13.6.80

जन्म हुआ दुर्वासा

चप्पा-चप्पा जले दोपहरी
जंगल जंगल प्यासा
आतुर हो गए प्राण
परस बिन,
जन्म हुआ दुर्वासा

जल होगा
वर्षा में फिर कब
कब सागर तू मुझमें ?

☐ 5.11.79

सुनी पास

नक्षत्र-दिपे वृक्षों से
ढंका-छिपा आकाश

सुनी पास
मैंने अभी क्या
प्रभु, आपकी साँस ?

☐ 1.12.80

याद आया घर

सूरज अभी था
अब नहीं
खिंच गई रेखा एक
आग की
याद आया घर,
कोटर—
चल दिए,
जन,
पाखी
□ 1.2.81

दिन हमारे

गेहूं का
पके खेत

और दुष्ट हवा
बार-बार उंगली चलाए

धूप छुए पोर-पोर
तन उमड़ा आए

आम तले
अलसाया माधो
आँख मींचे
नई-नई गौने आई
बहू का फिर वस्त्र खींचे—
डूब जाए

ऐसे थे

वे दिन
हमारे
☐ 24.1.81

कवि हो, मेरे मित्र

उंगलियां नहीं,
उकेर
स्पर्श नहीं,
गंध
रति नहीं,
मन्त्र

जड़ता को देते
गति

तुम कवि हो, मेरे मित्र
शब्द शिल्पी,
और केवल शब्द
होते हैं
उकेर
गंध
मंत्र
☐ 18.11.79

रास्ता

अपने अतल अंधेरों में
उतरते-उतरते
तुम ने कहा,

'ढूंढ लेना
तुम भी कोई रास्ता'

तब से
बहुत रास्ते देखे हैं मैंने
वे जो औरों की आँखों में हैं
या शब्दों में,

रास्तों का विकल्प
अब मुझे नहीं सालता
वर्जित है क्योंकि
बस तुम्हारा
रास्ता
☐ 10.12.80

ग्लानि

बाद में...
सूरज के टुकड़े हो गए
आकाश खंदक में आ गिरा
यों लोग
आराम से चल फिर रहे थे
और फूलों का रंग पहले सा ही था
☐

काटनी सबको

कोई किसी का
नहीं
कहीं

काटनी सबको
व्यथा अपनी,

यहीं
□ 30.12.80

चक्षु-सा कुछ खुला रहता है

खाली गया, कैसे कहूँ
यह जन्म भी

चक्षु सा कुछ

खुला रहता है
थिरका करती
स्वचालित लय

पतझड़ से पहले की
ऋतु भरपूर
ढलती नहीं

कैसे कहूँ
खाली गया
यह जन्म भी ?
□ 18.11.79

आए तो केवल

अब नहीं
चाहिए कुछ भी

जाता रहे भ्रम
अपनी महत्ता, सत्ता का
आए तो केवल
करुणा ही

☐ 17.1.81

केवल हम नहीं

फूलों में थिरक
हवा में घुंघरू

दिनों के दिन-दिन नर्तन
होंगे कल भी

केवल हम
नहीं

कहना है जो
थोड़े में कहो

चलो

☐ 31.1.81

आज दिन

वृक्षों की छाया छू कर
दुखते तन को
लगी दबाने

कहाँ कहाँ के पक्षी

कितनी तरह का गुंजन
भरते रहे हवा में

आज दिन
रुका रहा
बैठे-बैठे कटा
कुछ भी नहीं किया
मैंने

☐ 2.2.81

फैलाए जितने

फैलाए जितने
लौटे सभी
जाल खाली
चुप्पी अभी से
अटूट इतनी !

दहला जी—
नहीं,
नहीं !

☐ 11.12.80

आतंकित घड़ी

सब से टूट
केवल अपने से
जुड़ने की,

कितनी छोटी
आतंकित घड़ी !

☐

जीवन भर की आग

नहीं मन में
मन चपल रहा
अंगों में नहीं
राग—

दो मुट्ठी भी
राख हुई न
जीवन भर की आग
□

सब कुछ वैसा

सब कुछ वैसा, वही
आकाश, डोलते पक्षी
धीरे-धीरे अंकुरित
धरती
वैसे ही

रस बसे से रंग
फूल सहम-सहम खिलते
हिलते पत्ते
मिलते गले
गंध
पोर-पोर बसती

वैसा-वैसा
सब वैसा
मैं कहाँ थी
□

धूप धुली धरती पर

धूप धुली धरती पर
ज्यों प्राचीन वस्त्र पर
सोने की कलमकारी
हर चीज अपनी-अपनी ठांव
कितनी उचित, उजली
धवल कपोत सी निरापद
शांत करती

□

जीवन

मैंने कितना कहा
रिक्तता
कुछ नहीं होती
अपना जीवन होता है
अपने से ही भरा-पूरा
जीवन सारा
बीत चला
खाली. . .खाली
पूरा. . .
पूरा. . .

□

तुम

तुम इस सन्नाटे से हाथ बढ़ा कर
क्या मांग रही हो

कमरे के अंधकार

टिक-टिक करती घड़ी
और दूर पानी के टैंक पर जलती
लाल बत्ती में तुम्हारी भाषा
कौन से संकेत पढ़ना चाहती है

किस क्रान्ति की प्रतीक्षा में तुम
सांस रोके
अपनी धड़कन पे कान रखे
अवहेलना करती रहती हो
पास आती नींद की

□

बरसात

बहुत दिन बाद अपने ही भीतर
झमाझम बरसात
कातर मन
आया भर-भर
तन तक नम

अब नहीं सम्भव
कोई गृह काज

कितनी प्रस्तुत
अभिव्यक्त सम्पूर्ण
नीरवता आज

□

प्रेम : एक कल्पना

खड़े रहें दोनों ही अपनी-अपनी जगह
वृक्षों से कचनार के

कासनी रंग में नहाए
बढ़ें नहीं
पास आने,
शब्दों का आश्वासन दे
अपने को दोहराने
पास-पास खड़े, दोनों सहें
वक्त के बदलाव

दिन-दिन काठ होने की व्यथा
जड़ों से कहें

चौंक कर जगें जब-जब सन्नाटे में
टूटे कोई
सूखकर डाल

साथ-साथ
खड़े-खड़े
दोनों ढलें
□

शब्द

एक मांसल
और गहरे स्वाद वाले
शब्द को ढूंढ रही हूँ
जिसे बहुत देर तक मुंह में रखा जा सके

या शब्द
बिल्कुल तरल
पारदर्शी
जिनकी उपस्थिति
पता ही न चले

बता सकोगे
कहाँ पाए जाते हैं
ऐसे शब्द ?
□

प्रतीक्षा

कितना अंधेरा चाहती हो तुम
थोड़े से प्रकाश के लिए
सारी बत्तियां बुझा देती हो
शाम से
और प्रवेश द्वार पर मोटा ताला
बन्द कर
बैठ जाती हो दिए सी

बिन जले
□

किसी को

किसी को
कुछ भी समझाने का यत्न
कितना असंगत है
कितना हास्यास्पद,
और
फिजूलखर्ची
□

साझ

दिन भर जो चुगा
चुग लिया
अब शाम हुई
कुछ नहीं करूंगी
और दिन की तरह
यह भी नहीं देखूंगी कि
दस घंटे के अथक परिश्रम से जो मिला
उसमें क्या खाना, बनाना
क्या सावधानी से बचाना है—
उस पल के लिए
जब पंख फड़फड़ा कर भी नहीं खुलेंगे
और चोंच छेदेगी अपनी ही छाती
ऊष्मा के लिए

शाम हुई यह मैंने
कितने अरसे में जाना
□

वाग्देवी :

मैं अपनी मूढ़ता
अपरिमित अज्ञान वश
हजार प्रकार
तुम्हारे सम्मुख संकुचित होती हूँ

पर फिर भी यदि
मैंने तुम्हें पूजा ही नहीं
तुमसे प्रसाद भी पाया है

तो वह इसलिए
कि केवल सत्य को
तुम्हारे योग्य जान
जपा,
गाया है

□ 23.1.81

वाद्य

मुझ में जो वाद्य
बजा करता है
चुक जाता
आप ही

मेरी समस्त चेतना
एक प्रतीक्षा
उसी के पुन:
आवर्तन की

□

कौन सा आकाश

(1976-78)

अब के जब

अब के जब भाग्य-पत्रा
पढ़वाया
अप्रत्याशित उसमें
सुख-साधन
यह-वह
सभी था, पर तुम्हारा नाम
अपने नाम के साथ
अन्त तक न देख
मेरा स्वयंवरा-हठीला मन
कैसे-कैसे
छटपटाया
☐ 5.7.78

वह

वह
जिससे डर
जीवन-भर भागती रही
और वह,
जिसके लिए
यहाँ-वहाँ
पल्ला पसारती रही

एक सब जगह मिला

दूसरा,
कहीं नहीं

□ 30.7.78

मैंने चाहा

मैंने चाहा
तुम्हें भूल जाऊं

पर हम जो इतना हुए
जिये
बरसों बरस
पनपे
अंधी लताओं-सा
एक-दूसरे को जकड़े
वे सब भी स्मृति से
मिट जायें
रह जाये मात्र
शून्यता
यह तो
मैंने नहीं,
नहीं चाहा

□

जिन पर बहुत मान किया

जिन पर बहुत मान किया
अस्तित्व अपना

मृत्यु तक
अस्वीकारा—
तुम्हारा
तुम्हारा
तुम्हारा का
लगन-मंत्र उच्चारा

उन्हीं ने तोड़ा
तो टूटे
अन्यथा
क्या वध्य थे
□

कौन होगा वह पुरुष

कौन होगा वह पुरुष
जो मुझे झुका ले
या गर्व से
झुक जाये मेरे सामने

कहाँ होगी
वह शैया
जो सुला ले
या झूल जाये मेरे प्रमाद में

तू जो ज्ञाता है
जन्मदाता,
तू दे जवाब
आ समा मुझमें

या मुझको समा ले
□

जानती हूँ

जानती हूँ सदा कुछ नहीं रहता
दिन जो झेलता है
उसे शाम
रात जो सहती है
उसे सन्नाटा, समेटता है
यह भी कि
जो नहीं हुए
उनके न होने से
तुम हुए
और तुम्हारे जाने से
खुलेंगे द्वार
जो अभी तक बंद थे

फिर भी इस होने न होने से परे
समय की सड़क पर
सड़क नापती
खोलती हूँ जब अपनी
बंद मुट्ठी
होता है उसमें वही
एक फूल नैवेद्य का
बिन चढ़ा
□ 22.7.78

हवाएं ये

हवाएं ये
नरम बिस्तर की
पहली
शीतल छुअन-सी

तुम्हारे भी तो
घर बहीं होंगी
तुम्हें भी
याद आये क्या
रजाई से गरमाए
देह-स्पर्श
अपने ?
□

सुख की चाहना

सुख की चाहना :
शून्य में उठी
एक मुट्ठी (हथेली
खुलकर भी तो
खाली ही बंद होती)

जीवन-शक्ति :
कार्निस का आईसिकल
चुपचाप
पिघलती

अकुलाकर हर रात

अकुलाकर हर रात
सोते हो,
तुम कहीं

विलाप, सीता से
मेरी भी
कम नहीं

पर यह खाई
जो हम दोनों ने
अपने बीच
गिराई,
निगल ले मुझको भले,
पटनी नहीं

□

जिस दिन

मैं तुम्हारी
पत्नी नही थी
अधिकारों में सुरक्षित
बड़े दिलवाली
जो तुम्हारे
कसूर माफ कर,
जीवन-भर

तीर-तुक्कों से
चीरती

महज औरत थी,
मैं, दूसरी
जो कभी-कभी ही
विह्वल होती है
नाच उठता है उसमें तब
आदिम सृजन-चक्र
रह जाते हैं पुरुष-प्रकृति
समर्पित
फिर-फिर

जिस दिन तुमने
इस बंधन से
मुक्ति चाही
लौटा दी तुम्हें
तुम्हारी स्वतंत्रता
जो कहीं नहीं

□ 20.2.78

तुम वृक्ष थे

तुम वृक्ष थे
मैं कहीं से गिरी थी
डाली तुम्हारा धर्म था
मैं अटकने को विवश थी

पर पंख तो पंख थे

जड़ें भी उथली न थीं

मैं फिर आकाश—
तुम वहीं के वहीं

मैं तुम्हारी अपराधी
और दंड भी
तुम्हें ही

□

जितना खुद को देते

यह नहीं कि रस नहीं था
जहाँ हाथ बढ़ाते

पर जितना खुद को देते
उतना ही तो पाते

□

अभी भी आते हैं

अभी भी आते हैं
यदा-कदा
यथार्थ से अधिक
झकझोरते
सपने

पर वे,
तुम्हारे नहीं होते

□

बादलों के कपड़े

बादलों के
कपड़े जरा सूखे
आसमानी जिस्म पर
शीशे जड़ें ज्यों
धूप छींटे

गयी बरसात
बरस-भर को
मेरे आँगन
नहीं झूला,
नहीं झूला
कोई झूले

□ 12.7.78

वह चेहरा

वह चेहरा
जो इतनी दूर था बस
जितना बिस्तर पर
तकिये से
तकिया

ढूँढती हूँ उसे
राहगीरों में

सड़क पर
रुकते, चलते
वाहनों के रेले में

यह जानते हुए
कि यदि वह वहाँ होता
या मिल जाता
तो सिर्फ मैं ही नहीं
वह भी मुझे
बिना 'देखे'—पास से
गुजर जाता
□

हो सकता है

हो सकता है तुमने भी
मुझे प्यार किया
या सहते रहे
मेरे प्यार को—
अन्त में
अन्त तो वो ही रहा :

तुम मुझसे बचते हो
मैं भी
नकारती हूँ
हमारे
उस होने को
प्रत्याघात में

□

मैं स्वर हूँ

मैं
स्वर हूँ
केवल, शब्द
अपने

तुम्हें कभी
याद आये
और व्याकुल हो
ढूँढो
तो ढूँढना वहीं

□

कैसी वो कली

कैसी वो कली
जो बस कभी—
कभी ही खिली
पर जब खिली
हुआ आसमान
सतरंगी

यह न खिलना कुछ उसकी
मजबूरी थी,

या खिलाये रखती उसे,
निर्दोष
वह धूप न मिली
□

तब इच्छा थी

तब इच्छा थी
बात हो
तुम पूछो, 'मेरी हो न ?'
या कि फिर,
'कैसी हो ?'

वह क्षण
टल गया
या किसी अन्य
लिलार जड़ गया

जब तक लौटे तुम्हारे स्वर—
सीप-सा मेरा मन
दो फांक होकर
खुल गया
□

चुटकी भर केसर-सी

चुटकी भर केसर-सी
वन्दनवार वृक्षों से

गत वर्ष की
झरती पत्ती
ठौर ढूँढती
अधर हवा में
डरी-डरी
□

तुम्हारा-मेरा रिश्ता

तुम्हारा मेरा रिश्ता
कुछ चुराये हुए घंटों का नहीं था,
नहीं था वह
तकलीफों से बचने का
एक तरीका

घर-सा वृहद्
परिवार-सा अखंड
वह जब उखड़ा
मेरी कील-कील लेकर—

परमात्मा,
नहीं चाहती व्यथा
सुख वैसा दूसरा
□ 29.7.78

तुम्हें मैंने गहा

तुम्हें मैंने गहा

एकनिष्ठता का वह हठ
मेरा था

मेरा उपक्रम,
छुपी रहूँ तुम्हारे नाम में

तुम बौने निकले
या मैं चढ़ गयी आकाश
कौन जाने

चाहने से सपने
टूटते हैं
सच नहीं होते
☐ 10.1.78

कौन सा आकाश

तुम्हारे डैनों ने
न जाने कैसे
साथ उड़ने के बहाने
मेरे ही पर
हर लिये

अब इन अपंग
अंधेरी गुफाओं में
कौन-सा आकाश
लाऊँ ?
☐

जब-जब तुमने

जब-जब तुमने
मेरे होंठों पर पल्ले से
अपने होंठों के निशान मिटाये,

उत्तेजना के चरम पल
धरती-सा समेट—
और सघन और गहन
बाजू फैलाये
तब-तब प्यार,
तुम्हारे प्यार के अबोध
घरेलू स्वाद पर
मेरे प्राण छलछलाये

□

अगर नहीं

शब्द सीमित
तुम्हारा-मेरा
दिनों से भी छोटा
रिश्ता—तुम्हीं कहना
झेल पायेगा
सांप-सी तेज भागती
इन सड़कों की दूरी,
दीवारों-सी अंधी
न देख पाने की
मजबूरी ?

अगर नहीं,
तो सुनो,
इन अर्थों को
शब्द ही रहने दो

□

मुझमें बजे कुछ गान-सा

मुझमें बजे कुछ गान-सा
न सही
तिरती रहे पीड़ा निज़ी
पर—
पात-सी
सहज, तरल सतह पे
मन की
□

मैं ने कविता को

मैं ने कविता को
शब्द नहीं देने
नहीं कहने गंध, रस, रंगों
के आकार
कहना है
क्या कहते हैं
रूप चढ़े अंग
क्या सहते हैं
अंगों के संग

क्यों होते हैं
संगों के घटते-बढ़ते व्यापार

कहना है—
हम
तुम
वे

क्यों जीते हैं
क्या जीते हैं

□

एक छोटा शर्मीला तारा

एक छोटा शर्मीला तारा
कई रोज से
सरक-सरक कर
चांद के बहुत नजदीक
आ गया/और चांद
इस खुशी में
काफी गदरा गया ।

□

सन्नाटे कुछ बढ़ गये

सन्नाटे कुछ बढ़ गये
या मुझको
सुनने लगा है

ज्यादा—
पहले तो शोर ने कभी
ऐसे नहीं चौंकाया ?

□

कहो अनन्त हो

तुम दूर-दूर से
कसो,

वाद्य पर तार-सा

कहो
अनन्त हो,
प्राण से प्राण सिक्त होने का
सुयोग

पूछो नहीं,
कब,
कहाँ,
किस रूप में ?

बस, रहो।
□

हालांकि अब कोई

हालांकि अब कोई
फर्क नहीं पड़ता

तुम्हारा आना
या मेरा रोक पाना
दोनों ही मुमकिन नहीं

फिर भी हर शाम
जब पास के कीकर पे
कौओं का जोड़ा उतरता है
तो मन में
हैरत-सा कुछ हिरता है
सिर्फ इंसान ही क्या अपना
घर गर्क करता है ?
□ 21.7.78

अनायास

अनायास ही मेरे मन में
मीलों धंस गये
तुम
इंच-इंच कर निकले
मेरी विक्षिप्त रिरियाहट,
अभी तक मुझे तोड़ती है
भगवान के लिए,
कोई कोशिश न करो

औरत के दिल से
पुरुष का उतरना
जब भी हो,
अंतिम होता है—

प्रणाम लो !

□ 5.6.78

यह सुन

यह सुन कि तुम बीमार हो
कई रोज से
मैं जड़, अपनी जगह
बैठी रही

केवल स्मृति में टीसी
बरस पुरानी शाम
तुम तनिक अस्वस्थ थे
और मैं पथ्य से
सूप के प्यालों तक
फिरकी-सी नाची

□ 6.6.78

तुमने कहा

तुमने कहा :
मुझी में सांस लो
हथेली पे उगो
जो दिखाऊं, देखो
कहूं, सुनो
शेष सब शेष हो

मैंने कहा

तुम प्राण
देहरी संसार
आँख दर्पण
स्वर संगम
यहीं से शुरू, यहीं अंत हो

तुममें तुम कितने थे,
कहो ? कि मैं
तुम हुई, न मैं रही

□

तुम्हें भूलने के

तुम्हें भूलने के
क्रम न चुक सके
चुक गयी
मेरी ही शक्ति
स्वयं अपने में
अपने को
पाने की

□

सच कहना

इस लम्बाई
गोराई
गदराई के

सूक्ष्म पारखी
अथक भोगी
सच कहना
कभी इनमें
'मैं' भी मिली ?

□

एक पूरा रिश्ता

मैं इस प्रतीक्षा में
कि पूछोगे :
कहाँ गयी थी,
क्यों गयी ?

तुम इस मान में
जाती हो
तो जाओ

मेरी प्रतीक्षा बनी रही
तुम्हारा मान नहीं टूटा
टूट गया
एक पूरा रिश्ता

रास्ते से
भटकाता रहा रास्ता

□

जो तुम्हें दिया

जो तुम्हें दिया
वही बस
सम्पूर्ण
अपना था

शेष, कुछ
समय, कुछ अपनी ही
अज्ञानता से
छला गया

□

कभी कोई क्षण

कभी कोई क्षण
बिना-झुलसा
तुम्हारे दिये अपमान-दंश से
मुक्त,
मेरे हाथ आया
तो वही, जो कहा
परिचय के
प्रथम-दिवस—
नितान्त
निर्लिप्त
फिर कहूंगी :

जहाँ हो
जिसके भी
तुम जैसे हो,
बने रहना
बने रहना

□

नहीं

नहीं, प्यार नहीं
कर सकती
फिर प्यार पाने की
चाह,
क्यों नहीं मरती ?
□

हो सकता है

हो सकता है कल कोई
संदेह मुझे बहरा कर दे
या तुम्हारी उत्तेजनाओं के
गूंगें हो जाएं
मुखर-पल
छीन ले एहसास
हमारे एहसासों से
उलाहने, या डर

इसलिए फिर-फिर कहो

कि हों सफल
जीने की
ये कोशिशें—
अन्त तक
□ 20.7.78

जिस दिन यह विश्वास

जिस दिन यह विश्वास
कि मैं तुम्हारे जीवन की

धुर्रि हूँ
टूटा,
उस दिन तिरछाया मेरा संसार
तिरछा रहा

कैसे कहूँ
इस व्यथा, ईर्ष्या का नाता
अन्य के होने न होने से
नहीं—दंड है,
अपने अनावृत होने का
□

साक्षी हैं केवल

मैंने जो शब्दों में बीने
एहसास नितान्त पारदर्शी
वे शायद तुम्हारे थे,
या मेरे

पर अब नहीं

साक्षी हैं केवल
सकल जीने के
□

क्योंकि मन

क्योंकि मन
जीवन-भर
खंड-खंड बिखरा रहा
तन जिधर झुका

केले के पत्ते-सा
चिरता रहा

हार गयी
हाथ की एक ही रेख से
जिजीविषा

□

मुझे झेल न पाये

मुझे झेल न पाये
अपनी शुचिता के भ्रम में
गर्वोन्मत्त तुम
सबल न थे

तुम्हारी दी यंत्रणा में

जकड़ी
मैं जीती रही

निर्बल न थी

□

हम फिर वहीं-के-वहीं

हम फिर वहीं-के-वहीं
हाथों की ओर अनायास बढ़े हाथ
आँखों की कोटर
कम्पन, कि मुसकान ?
फिर तरल हो बहे गात
बंधन में छिले बदन

तुमने कही बात लगन-मंत्र-सी
मैंने दोहराये आश्वासन वही

दूर-दूर घिरती रही
अमंगल-पक्षी
दिये दंशों की याद

□

रह गया

जो हाथों को
मोती
अ-मोल
हाथ आया

सबसे छुपाया
वही अकस्मात
अंजुरी-भर पानी-सा
रीत गया

रह गया हमारे बीच
अविश्वास,
चीरता

□

तो मानूंगी

माना तुम्हारे अंधेरों में
वे एहसास हैं
जिन्हें तुम
या जो तुम्हें

भाते हैं

उनमें से एक भी
अगर
तुम्हें 'तुम' तक ले गया
तो मानूंगी मेरा
धधकना
व्यर्थ था
□

किसी भी यातना से

किसी भी यातना से
एक सीमा के पश्चात
जुड़े रहना
जीवन ही नहीं
जो व्यक्ति से बड़ी है—
नियति—की
अवमानना है

मुझे
अब तुमसे नहीं
स्वयं से
बचना है
□

ये दिगम्बर होती लालसाएं

ये दिगम्बर होती लालसाएं
साएं-साएं घर-द्वार
अपलक ठिठुराती रातें—

कहाँ गये वे मंदिर
जिन्हें ढूँढते आँखों में रचाये
दिन पे दिन
हम ही खंडराये

□

तुम सखा हो

तुम सखा हो
प्रियतमा
या मेरा कोई
रूप शेष

बाहर
चौराहे से बिखरे
भीतर निर्जन
टीसते जीवन में
हर सम्भव सावधानी पर्यन्त
तुम्हारा प्रवेश

मंगल
मंगल
मंगल हो !

□

हो जाने दो मुक्त

(1973-74)

सरसों का खेत मेरा मन

सरसों का खेत मेरा मन
लहके सांस में सुगंध
तेरे साथ से सुखी
मेरा आखिरी बसंत,
प्रिय पहली तरंग
तेरे प्राण से उठी जो
मेरे अंग में रची वह
जैसे मेंहदी का रंग,
मेंहदी का रंग, बन्ने
लाल सी पतंग
जैसे बादलों पे छाए
मैंने धोया बहुत
इसको पोंछा बहुत
बैरी रचता ही जाए

☐ 2.2.73

आए तुम देहरी तक

यह कैसा
पगली के
मन जैसा
बिखरा सा

सुख लेकर
देहरी तक
आए तुम बालक ज्यों
खोकर माँ, नारी में
ढूँढे कुछ
लज्जित
□

छुआ किस ने

छुआ किस ने फूल हो गया
धरती का मैला रंग
चटक कर लागा किसके अंग
बीन सा
कुहुक उठा रस-धार भीग मन
उमड़ा तन
अंगार हो गया
□ 4.3.74

तुम संग यों लिपटी

तुम संग यों लिपटी कि ज्यों
बरसाती बेल चढ़ी
चढ़ती ही जाए
पत्ता-पत्ता करके आखिर
ढंक दे पूरा पेड़, प्रिय
बंधन यह
कैसा दोनों बीच जड़ा
तोड़ सकें न हम तुम
और न जिसको जाए सहा
□

न सही मेरे

तुम जो भी हो
महज एहसास हो
उन दूरियों की तरह
जो याद न आएं मगर याद हों
उन टूटते-जुड़ते रिश्तों में
भोगे हुए जन्मों की
अलक्ष्य जंजीर से
न सही मेरे
मगर तुम पास हो
□ 9.7.73

आ, बहुत भटकी है तू

जब जब बुलाएगी आऊंगा,
भरना नहीं
गहरी दरार
दर्द जिससे बीच अपने
पुल बना

जब जब फैलाएगी हाथ
समाऊंगा

रखना खुला
वह अनहुआ इतिहास जिसमें
आस का पाखी पला

आ, बहुत भटकी है तू
भटका बहुत मैं
डर नहीं तेरी कलाई

जब जब डरेगी
मैं गहूंगा

□ 10.11.74

कितने बरसों बाद

कितने बरसों बाद
झरे मन धार
द्वार पर
बांधे बंदनवार
दीप देहरी पर राखे
लीपा आँगन
रंग दी चूनर लाल—
लाल
माथे की बिंदिया
पलकों के गहरे में भीगा
काजल का संसार

□ 8.10.74

रच दे माँ

रच दे मां, हाथों में मेंहदी
मेंहदी ज्यों तांबे के जैसी
दमके बदली सूरज ऊपर
छाकर कोई शाम
और शाम हो चैत मास की
चुपके-चुपके रंगोली से
फूल खिलें सांसों में जैसे
महके उनका नाम

भर दे माँ, आँखों में काजल
काली सूर्यमुखी के मन सी
अंज दे मेरी आँख तो देखूं
देख के जिनको जन्म-जन्म की
थिरक गई पहचान

☐ 10.12.73

रखना बहुत संभाल

बन्ने, मेरी लाड़ली का
सोने जैसा रंग
रातों के से बाल इसके
मोरों की सी चाल
हंस दे मेरी लाड़ली तो
खिल खिल जाएं अनार
रखना बहुत संभाल

बन्ने, मेरी लाड़ली का
धूप जैसा रंग
निर्जल रहकर देखा इसने
हर करवे का चांद
पूजे कितने पीर पित्तर
तब आया यह दिन

बन्ने, मेरी लाड़की का
मोती जैसा रंग

☐ 13.12.73

मेरे प्यार

दिन जाने कैसे
चुपचाप बड़े हो गए

शाम
ठहर गई है
तुम्हारे खयाल की तरह
पेड़ों के पार सूरज
ढल रहा है थम-थम के,
देखो न, अपने आँगन में चिड़ियों ने
ऐसा बसंत गाया है
कि हाथों से छूट मेरा मन
तुम्हारे घर के कोने कोने में
घूम आया है

☐ 11.12.74

सात रंग की होली

आओ साथी साथ रचाएं
सात रंग की होली
होली अब तक आयीं कितनी
एक न हम को रंग पायी
एक न आया मास मधु का
एक न फूली अमराई
आज प्राण तुम हाथ से अपने
रंग दो ऐसी होली
साथ चिता तक जाए मेरी
मांग में दहकी रोली

☐ 3.3.73

खिल गए सौ रंग

खिल गए सौ रंग
मोरों के छितर गए पंख
उंगली से कभी छूकर बदन

तुमने लिखा जब प्यार
सिमटा सकल संसार सब
धंटी में जैसे जल
किसी दुल्हन पे चढ़कर रूप फिर
दहका बहुत चुपचाप

□ 16.10.73

लाड़ो लेकिन

भई अबेरी
गौर पूजने
आँगन भरीं लुगाई
लाड़ो लेकिन सिर तक ताने
ओढ़े पड़ी रजाई
दुबकी दुबकी छुई-मुई लाड़ो
सोच सोच लरजाए
भट्टी सा भक्
भभक गया तन
छुआ तक न जाए
ऐसे हो गए ढीठ बलम
बेशरमी पर आए

□ 18.9.74

फिर फाग फागुन के

फिर फाग फागुन के
फूल फूल छींटे
रंग रंग गाए
फिर पात यौवन से
डाल डाल ऐंठे

खुल बूर बौराए
चटके पलाश जंगल
सरसों बैठी बटने

ढलता सूरज
कटे पतंग ज्यों
शाम चली सी गौने

□ 14.3.75

कहीं ऐसा हो

कहीं ऐसा हो
तू मेरे रूप से जगे
मैं तेरे जगते ही
अलक्ष्य हो जाऊं
न हो लेन देन
तिल तिल मरन
देह की छीन झपट
हो एक तार, एक रस
एक गंध—तन तेरा हो
मैं सृष्टि सृष्टि बिखरूं
तू शंकर हो

□

भगवान के घर में

भगवान के घर में
रंगों के भी कितने रंग हैं
यह कंटीला कीकर
इस नाज से पीलाया है

कि हर पीला रग
अपने रंग पर शरम खाया है

☐ 13.7.74

फूल रहा है भीड़भाड़ में

फूल रहा है भीड़भाड़ में
पेड़ अकेला
सड़क किनारे
फूल फूल कर झरते जाते
दिन बौराए गोद में मेरी
रंग पलाश के रंगते जाते
आने जाने की सीमा में
उभरे जो इतिहास हमारे

☐ 19.4.74

भीड़ में बेगानों की

अकसर मैं तुम्हें बढ़कर छू लेती हूँ
तुम नहीं बढ़ते
मैं कहती हूँ
तुम नहीं कहते
और मुझे लगता है वे सबेरे
जो हमारे बीच तन गए थे
लाल गुलाब से
नहीं रहे

रह गई इधर उधर एक आध पत्ती

जैसे भीड़ में बेगानों की

किसी अपने को
आदतन प्रणाम

□ 21.12.74

मैंने बुने बारीक जाल

मैंने बुने बारीक जाल
रंगीन एहसासों के
तुम उनमें आ गिरे
कभी रंग की गहराई
कभी भूली हुई राह के लिए
तड़फड़ाते हुए
और मैं
ताली बजा बजा
जताने लगी—
आसपास के कंगलों पर—
अपना वैभव
दहल कर गूंगे जीवन से
बताने लगी
तुम्हारी बेबसी को
अपनापन

□ 23.2.75

तुम में से आते

तुम में से आते
अपनी पूर्णता के बोध के लिए
छटपटाता
मैं पहले से अधिक अपूर्ण हुआ जाता हूँ

होंठो में कसे होंठों के
उन्माद रीत जाने पर
इस तरह पथराता हूँ
कि कोई स्पर्श
संदेश
मेरी तह तक नहीं पहुँचता
और जब
कभी तुम से कतरा
अपनी अंधी दुनिया से टकराता हूँ
तो मुट्ठियों में जकड़
तुम्हारी देह
कच्ची मिट्टी सा धसक जाता हूँ

□ 17.1.75

समझ पाओ तो समझ जाना

अनायास ही थक गया
वह स्फूर्त लावा
जो तुम्हें देख
रगों में बिछलता था
वह तुम्हारा आना
जो मेरे दिन लट्टू सा घुमाता था
तुम्हारे दांतों की सफेद कतारें
जिन्हें देख मैं मचल जाता था
न रहे
यह बात नहीं

तुम वैसी हो
मैं बदला नहीं
पर न जाने क्यों
तुम्हें देख कहना,

'कैसी हो ?'
कठिन हो गया

चली जाओगी
जानता हूँ
आहत हो
देखता हूँ
पर अब
मना लेने को मन नहीं
इसलिए
मेरे साथ चलती, मेरी सहकर्मिणी
मेरे अवशता समझ पाओ
तो समझ जाना
□ 4.4.75

वे सब बातें

वे सब बातें
जिन्होंने हमारी दुनिया
विवाह मंडप सी -
छोटी
सुगंधित कर दीं
वे सब हाव भाव

जो प्रणय से पहले का संगीत
शरीर में तरंगित कर
आत्मा को
अकुला गए
वे सब लेन देन
जो पूजा थे—
तुम्हारी पहचान,

मेरी भक्ति के प्रतीक,
वे आँसू
जो अंब तब
छलछला आते थे
तुम्हें 'विनिमय' लगने लगे
क्योंकि तुम
छुओगे नहीं
बोलोगे नहीं
देखोगे नहीं
और मैंने
हथेली उठा
उस सब से जो निरंतर है
कहा—
तुम्हारा प्रण टूटे नहीं

□ 18.3.75

हर बार हमारी

हर बार हमारी
क्या यही नियति होगी
तुम किसी कांच को देख

फेंकते रहो
मुट्ठी का मोती
और मैं जन्मोंजन्म
तुम्हें ढूँढूँ
जहाँ सांप और भेडिए लपलपाएं ?

□ 18.3.75

खोल दो खिड़की कोई

खोल दो खिड़की कोई
गहरी बहुत गहरी घुटन है
दिन नहीं बीते
खिले थे बौर,
पेड़ों पर जले थे
लाल पीले रंग रंगों के
दिन नहीं बीते गुदे थे
गोदने गोरे बदन पर
जाग कर सोए प्रणय के

यह भरी मुट्ठी किरक की
आँख में पूरी गिरी
तुमने समेटे बोल—
गूंगी मैं हुई,
हो गयी क्या भूल, पूछूँ ?
या कि फिर तुम ही अघाए
कुछ भी सही,
जो सत्य है वह सत्य है

अब नहीं जीना मुझे
उम्मीद से उम्मीद तक
खुलकर कहो
अन्ततः यह अन्त है
□ 1.5.75

वे दिन गर्म कपड़ों से

बहुत छोटी उम्र थी उन बरसों की
जो तुम्हारे पागलपन में

महककर झर गए
मैंने तहाकर रख दिए
वे दिन गर्म कपड़ों से
जिन्हें संवारा था अक्षर अक्षर
स्पर्श के इतिहासों ने
और अब
खाली खुले कमरे में
पसरी हुई धूल-सा
किरकिराता सूनापन
☐ 21.12.74

हो जाने दो मुक्त

यह सुबह शाम की बेकली
देह का मोह-उत्सव
सड़क पर टिकटिकाई
निगाह बावली
भरे भरे दांतों के
गुदे बदन पर नील कमल

जाने दो
हो जाने दो मुक्त
आज अपनी ही राख से
उड़ूं झाड़कर पंख,
चीर आकाश
☐ 11.1.75

सच कहना

माँ, मेरी गुड़िया के घरौंदे
किसी ने तोड़े थे ?

या मेरे गुड्डे की
बारात न चढ़ी
जो आज तक
घर के हर आले में
संजोया करती हूँ
छोटी छोटी दुनिया
और पास आती शहनाई से
तड़प जाती हूँ
सच कहना, माँ
उस अधकच्चे हलवे के परोसों पर
आया नहीं कोई ?
फिर क्यों
किसी पाहुने की
प्रतीक्षा में
बैठी ही
सो जाती हूँ ?
□ 11.11.74

जब सृष्टि में ही

लता ही नहीं
वह पेड़ भी
जिसने लगाया था
लता को गले
सूख गया
जब सृष्टि में ही
पनपता नहीं कुछ सदा
हम तुम तो कुछ भी नहीं थे, प्रिय
□ 12.2.75

उड़ चले फिर प्राण

उड़ चले फिर प्राण
डाली छोड़कर
जिस पर, सखा
अभिसार अब तक
रत गगन से भी अधिक
विस्तारमय होता रहा है

उड़ चले फिर प्राण
अपने से लिपट
एकांत,
सृजने
देह की कोमल व्यथा से
अ-विनाशी गीत

☐ 13.3.75

इस व्यथा के पार

इस व्यथा के पार
जो अभी गर्भित
अभी होने को है संसार
उसके प्रति
मैं खोलू दूं
सारे कसाव
देख लूं होकर समर्पित
कोई विकराल
बाहुपाश

☐ 10.3.75

यह कैसा

जाने यह कैसा प्रकाश
रोम रोम से फूटा है
धुल पुंछ गया
भीतर बाहर
तमस
रह गई एक विराट वेदना
होने को
सौ हाथ
☐ 16.3.75

ये डरे क्यों नहीं ?

दिन भर की परेशानियां
उठते ही
आ धमकीं

लड़की के कपड़े दर्जी से लेने हैं
लड़के की परीक्षा थी, टीचर से मिलूंगी
आफिस की चाभी खो गई, अरे रामसिंह
अब उठेगा कि नहीं !
जिन्दगी
कितनी उलझ गई है
एक क्षण विश्राम नहीं

सुबह स्लेटी है
सूरज नहीं उगा कि धुंध
गहरी है,
दूर से उड़कर पक्षी
दूर जा रहे हैं कहीं

इनसे किसने कहा
सुबह हो गई ?
और सुबह होते ही
ये डरे क्यों नहीं ?

□ 10.1.75

तुम्हारे ये घरेलू सवाल

कब लौटी ?
कहाँ जाओगी ?
तुम्हारे ये घरेलू सवाल
मेरे मन की उस मिट्टी को भिगोते हैं
जिसकी खुशबू में
मेंहदी के रंग होते हैं

□ 29.10.74

इस साल

इस साल कोयल नहीं बोली
न ऐनक उतारकर रखी
न खिड़की खोली

□ 22.5.75

इन कविताओं के बारे में

समीक्षाएँ

आधुनिक प्रेम की असम्भवता के विरुद्ध

—केदारनाथ सिंह

'**कौन-सा आकाश**' सुनीता जैन का दूसरा काव्य-संग्रह है, जिसमें संगृहीत कविता समकालीन हिन्दी-कविता के पूरे परिदृश्य में कुछ ऐसा जोड़ती है, जिस पर अलग से विचार करने की जरूरत है। फ्लैप पर कहा गया है—"इन कविताओं में एक खास 'फेमिनिन' गुण है जो सुनीता जैन की अपनी विशेषता है और जो हिन्दी में और कहीं नहीं मिलती।" संग्रह को पढ़ जाने के बाद पाठक के मन पर जो पहला प्रभाव पड़ता है, वह यह कि जिस 'फेमिनिन' गुण की बात फ्लैप पर कही गयी है, उसका मतलब 'फेमिनिन' शब्द के प्रचलित अर्थ से सर्वथा भिन्न है। आज के सन्दर्भ में मोटे तौर पर इस शब्द से दो तरह के अभिप्राय लिये जाते हैं—एक, पश्चिम में प्रचलित 'वीमेन लिब' या नारी मुक्ति के अर्थ में और दूसरा उस अर्थ में जिसे हिन्दी में हम सामान्यतः नारी-सुलभ विशेषता कहते हैं। '**कौन-सा आकाश**' की कविताओं में न तो 'वीमन लिब' का भावात्मक आक्रोश या यौन स्वेच्छाचार है (जैसे भारतीय अँगरेजी की कवयित्री कमलादास की कविताओं में), न ही लज्जा, समर्पण और भावुकता जैसे गुण जो भारतीय साहित्य में लम्बे समय से नारी-सुलभ विशेषता के रूप में जाने जाते रहे हैं। ये कविताएं ज्यादा ठोस और ज्यादा आधुनिक अर्थ में 'फेमिनिन' हैं, जिसमें नारी-पुरुष सम्बन्ध को अनुभव के यथार्थ धरातल पर रख कर देखने की कोशिश की गयी है। यह ऐसा विशिष्ट आुभव है, जिसमें विलक्षण नैतिक साहस के साथ-साथ टूटते बिखरते हुए प्रेम की दबी हुई गहरी यातना भी है और इन दोनों बातों का एक साथ होना इस पूरे संग्रह को अद्‌भुत अर्थवत्ता प्रदान करता है।

इन कविताओं की दुनिया छोटी है—एक बेहद निजी और आत्मीय दुनिया और ऐसे युग में जब कविता घोषित रूप से निरन्तर सार्वजनिक होती जा रही हो तो एक रचनाकार की यह छोटी मगर सीधी और सच्ची दुनिया हमें अच्छी लगती है। सुनीता जैन का दृष्टिकोण अपनी कविता के बारे में बेहद साफ है, जिसे वे इस संग्रह में इस तरह व्यक्त करती हैं :

> मुझे कविता को / शब्द नहीं देने / नहीं कहने गन्ध रस रंगों के / आकार /...
> कहना है / हम / तुम / वे / क्या जीते हैं / क्यों जीते हैं ?

'हम-तुम क्यों जीत हैं, क्या जीते हैं'—सुनीता जैन की कविता इसी सच्चाई को,

बिना किसी दार्शनिक मुद्रा के, स्त्री-पुरुष के बदलते हुए सम्बन्धों के बीच महसूस करती है। हर आरोपित मुद्रा से इनकार करती हुई यह कविता दरअसल उस मुखौटे से इन्कार करती है जो आधुनिक कला की एक रूढ़ि बन गयी है। प्रेम इन कविताओं का केन्द्रीय विषय है—पर भावुक या लिजलिजा प्रेम नहीं, बल्कि ठोस मानवीय और धारदार प्रेम जो अपनी पूरी विविधता के साथ यहाँ मौजूद है। यहाँ प्रेम केवल एक ऐन्द्रिय अनुभव ही नहीं—हालांकि वह उस रूप में भी है और अपनी पूरी शक्ति के साथ है—बल्कि एक आधुनिक मन की ज्यादा गहरी और बुनियादी समस्या के रूप में है :

नहीं प्यार नहीं
कर सकती
फिर प्यार पाने की चाह
क्यों नहीं मरती ?

'**कौन-सा आकाश**' की ज्यादातर कविताएँ इसी द्वन्द्व से पैदा हुई हैं और मानो तमाम दृश्यों, घटनाओं और संवादों में इसी प्रश्न का उत्तर टटोलती हुई आगे बढ़ती हैं। यह प्रश्नात्मक प्रेम के अनुभव के बिलकुल नये धरातल की ओर संकेत करती हैं, जहां सारी भावुकता छिन्न-भिन्न हो जाती है और हर यातना के बाद बचा रह जाता है एक जीता-जागता यथार्थ, जो नयी सम्भानाओं का अजस्र स्रोत है :

"जानती हूँ सदा कुछ नहीं रहता / दिन जो झेलता है / उसे शाम / रात जो सहती है / उसे सन्नाटा समेटता है / वह भी कि जो नहीं हुए / उनके न होने से तुम हुए / और तुम्हारे जाने से खुलेंगे द्वार / जो अभी तक बंद थे"

प्रेम के इस बोध में यथार्थ की जो गहरी स्वीकृति है, वही इसे नया बनाती है और अर्थपूर्ण भी। इसमें भावुकता नहीं, बल्कि भावुकता का स्वतःस्फूर्त निषेध है। यातना और उस यातना के बाहर झाँकने की कोशिश इन कविताओं में बराबर दिखाई पड़ेगी। इसीलिए '**कौन-सा आकाश**' की अधिकतर कविताओं में प्रेम की त्रासदी का जो स्वर बार-बार सुनाई पड़ता है, वह अन्त तक जाते-जाते 'प्रसाद' के '**आँसू**' की तरह एक विलक्षण मानवीय आश्वस्ति में बदल जाता है :

"टीसते जीवन में / हर सम्भव सावधानी पर्यन्त / तुम्हारा प्रवेश मंगल/ मंगल/ मंगल हो।"

सुनीता जैन की कविता कई बार छोटे-छोटे अनुभवों से गुजरते हुए अचानक किसी अप्रत्याशित दृश्य के सामने रुक जाती है और फिर मुड़ कर मानो अपने से ही सवाल करने लगती है। '*हालांकि अब कोई*' शीर्षक कविता पाठक से (और अपने रचयिता से भी) एक ऐसा ही सीधा मगर तिलमिला देने वाला सवाल करती है :

फिर भी हर शाम
जब पास के कीकर पर
कौओं का जोड़ा उतरता है

तो मन में
हैरत-सा कुछ हिरता है
सिर्फ इन्सान ही क्या अपना
घर गर्क करता है ?

यह महत्वपूर्ण है कि कविता में 'कौओं का जोड़ा' है, सिर्फ 'कौआ' नहीं जो लोक-कविता की एक सुपरिचित रूढ़ि या 'अभिप्राय' है। इस तरह कौए का यह बिम्ब जहाँ प्रेम-कविता की रूमानियत को हल्का-सा झटका देता है, वहाँ अपनी ठोस प्राकृतिक उपस्थिति द्वारा 'कन्ट्रास्ट' का विरोध भी पैदा करता है, जो कविता के प्रभाव को गहनतर बनाता है।

प्रस्तुत संग्रह की एक विशिष्टता इस बात में है कि इसकी सारी कविताएँ मिल कर एक समग्र प्रभाव उत्पन्न करती हैं और, इस तरह, अलग-अलग शीर्षकों के बावजूद दरअसल पूरी पुस्तक में एक ही लम्बी कविता है। अलग-अलग कविताएँ वस्तुतः उस लम्बी कविता के छोटे-छोटे टुकड़े हैं—एक ही संगीत-रचना के अलग-अलग नोट्स की तरह। आधुनिक समाज में प्रेम की असम्भवता के विरुद्ध ये कविताएँ विलक्षण नैतिक साहस और जिम्मेवारी के साथ उसकी अपरिहार्यता की घोषणा करती हैं—हालांकि प्रत्यक्षतः 'घोषणा' जैसा उनमें कहीं कुछ नहीं है। ऐन्द्रिय आवेग से लेकर मानवीय यातना तक प्रेम यहाँ अपने विविध रूपों में मौजूद है। इसलिए हो सकता है, कुछ कविताओं में लगे कि रूमानियत का रंग जरा गाढ़ा है। कुछ में ऐसा भी लग सकता है कि एक अच्छी कविता का कच्चा माल पूरी तरह सीझने से पहले ही आंच पर से उतार लिया गया है। पर जैसा मैंने पहले कहा, ये सारी कविताएँ एक ही मूल कविता के विविध 'शेड्स' हैं और इस तरह उस पूरी भावमाला के भीतर प्रत्येक टुकड़े की अपनी सापेक्ष स्थिति है। मतलब यह कि सुनीता जैन ने अपने इस संग्रह में छोटी कविता का एक अलग शिल्प और सांचा विकसित किया है। हिन्दी में छोटी कविताओं की लंबी परंपरा है और समकालीन कविता का अच्छा खासा हिस्सा ऐसा है जिसे छोटी कविता के वृत्त में ही रखा जा सकता है। पिछले दिनों जापानी 'हाइकू' के पैटर्न पर भी काफी बड़ी संख्या में छोटी कविताएँ हिन्दी में लिखी गयी हैं। पर सुनीता की छोटी कविताएँ 'हाइकू' से इस अर्थ में भिन्न हैं कि उनमें न तो कोई दार्शनिक संकेत या सामान्यीकरण है, न ही प्रत्यक्ष अनुभव को अतिक्रान्त कर जाने वाली सूक्ष्म प्रतीकात्मकता। ये छोटी कविताएँ अपनी सारी मूर्तिमत्ता के साथ बच्चे की उस गेंद की तरह हैं, जो हर आघात के बाद कुछ दूर तक हवा में जाती है और फिर अपनी जमीन पर लौट आती है। **'कौन-सा आकाश'** के रचयिता के निकट यह जमीन उसकी अपनी संवेदना है— एक सच्ची, खुली निष्कवच संवेदना।

एक रचनाकार के रूप में सुनीता द्विभाषी हैं—वे हिन्दी में भी लिखती हैं और अँगरेजी में भी। यद्यपि इन दोनों बातों का आपस में कोई सीधा सम्बन्ध नहीं है, पर

अभिव्यक्ति के इसी दोहरे संघर्ष का प्रभाव **'कौन-सा आकाश'** की भाषा पर जहाँ-तहाँ देखा जा सकता है। इसी के चलते जहाँ एक ओर 'हर सम्भव सावधानी-पर्यन्त' जैसे कई अपेक्षाकृत अल्पपरिचित मुहावरे मिल सकते हैं, वहाँ दूसरी ओर कुछ अत्यन्त परिचित शब्द और मुहावरे भी कविताओं में इस तरह लाये गये हैं, जैसे वे पहली बार उच्चरित हो रहे हों। सुनीता की कविता के मिजाज की तरह उनकी भाषा का परिवेश भी बहुत कुछ घरेलू है। यह एक अत्यन्त धीमी लय वाली भाषा है—बहुत कुछ आत्मसंलाप जैसी। लय का यह धीमापन ही उसकी विश्वसनीयता का सबसे बड़ा आधार है। यह ऐसी भाषा है, जिसमें किसी तरह के दावे नहीं हैं—यहाँ तक कि शिल्प या शैली सम्बन्धी दावे भी नहीं और शायद यही बात अपने सर्वोत्तम रूप में इस भाषा को सबसे अधिक सम्प्रेष्य बनाती है। वैसे सम्प्रेष्यता का सीधा सम्बन्ध सिर्फ भाषा से कभी नहीं होता। काव्य प्रक्रिया में उसका सम्बन्ध संवेदना से पहले होता है, और किसी वस्तु से बाद में। वस्तुतः समकालीन कविता के सारे शोर-शराबे के बीच **'कौन-सा आकाश'** का प्रकाशन एक सुखद और खामोश घटना की तरह है—खास तौर से इसलिए कि उसकी कविताओं में आधुनिक मन की उस बेहद सच्ची और निजी संवेदना को पूरी ईमानदारी के साथ बचाये रखने की कोशिश की गयी है, जो आज के जीवन से क्रमशः लुप्त होती जा रही है।

समीक्षा अक्तूबर-दिसम्बर, 1981

नितान्त आत्मीय संसार

—चन्द्रकांत बांदिवडेकर

सुनीता जैन की **'कौन सा आकाश'** में संगृहीत कविताएँ केवल अपने तक सीमित संसार की कविताएँ हैं। यह अपने तक सीमित संसार भी स्त्री-पुरुष के प्रणयभाव तक या परस्पर-संबधों तक सीमित है। दो प्रेमी जीवों के परस्पर-संबंधों की यह शोकाकुल गाथा एक स्तर पर विशिष्ट भी है और दूसरे स्तर पर सामान्य नारी-पुरुष के बीच के चिरंतन सम्बन्धों के रूपों को भी प्रकट करती है।

इसका किंचित विस्तार से विवेचन करने के पहले दो बातें स्पष्ट करना आवश्यक है। एक बात जरा साहित्य बाह्य भी है। सुनीता जैन का वर्षों तक अमरीका में प्रवास एवं अध्ययन-अध्यापन का अंग्रेजी विषय उनके नितांत भारतीय कवि-व्यक्तित्व को बाधित नहीं कर सका है। प्रस्तुत संग्रह की कविताएँ (उनके पहले संग्रह **'हो जाने दो मुक्त'** की भी) ऐसे कवि-व्यक्तित्व की कविताएँ हैं, जिसने अपना व्यक्तित्व बाहरी प्रभावों से सुरक्षित रखा है और उसे एक नैसर्गिक रूप में फूलने-फलने दिया है। यहाँ न तो तथाकथित आधुनिकता को ढोने की प्रवृत्ति है, न दिखावे की ही ललक। सुनीता जैन का कवि-व्यक्तित्व अपने सहज और नैसर्गिक होने में है। अत: उनकी कविता से जो भी कुछ व्यंजित होता है, वह उनका खास अपना है, सहज और अनायास भी है (लेकिन सपाट कतई नही) और उनकी अनुभूति का हर कण और क्षण ईमानदारी से ओतप्रोत है।

यह कहना अब शायद गलत होगा कि यह व्यक्तित्व पाश्चात्य रंगों से प्रभावित है अथवा नितांत भारतीय है। क्योंकि इधर यह विभाजन संश्लेषण में परिणत हुआ है। सुनीता जैन के कवि-व्यक्तित्व में यह विशेष उत्कट रूप में परिलक्षित होता है। इस अत्यन्त सीमित परन्तु निखालिस खरे कवि-व्यक्तित्व को अगर भारतीय पाठक आत्मीयता के स्तर पर देखता है तो माना जा सकता है कि यह कवि-व्यक्तित्व भी पूर्णत: भारतीय है।

सुनीता जैन ने दूसरे प्रकार से भी अपने व्यक्तित्व को बाह्य आघातों से अनछुआ रखा है। समकालीन बाह्य संसार की राजनीतिक-सामाजिक आपाधापी से उन्हें कोई मतलब नहीं है। जो कुछ बाह्य उनके कवि-व्यक्तित्व में घुल-मिल कर, रच-पच कर एकाकार हुआ है, वही और उतना ही उनके काव्य में समाहित है। कम-से-कम इस संग्रह को पढ़कर तो ऐसा ही लगता है।

'**कौन सा आकाश**' की कविताएँ एक ओर गजब की सीधी हैं, तो दूसरी ओर विलक्षण प्रभावकारी भी। इन कविताओं में बिंबों की चकाचौंध या प्रतीकों की चमक-दमक नहीं है, शब्द-संयोजन का सचेत प्रयास भी नहीं है (किन्तु यह सहजता कलात्मक दक्षता का परिणाम है), लेकिन इनमें वह प्राण तत्व है, जिसके बिना रचना कविता का गौरव नहीं पाती। वह है काव्यात्मक संवेदना।

असल में '**कौन सा आकाश**' एक प्रगल्भ परन्तु शोकाकुल प्रणय-कथा है, जिसके केन्द्रीय प्रेम-भाव को अनेक संचारी भावों की विभिन्न कविताओं द्वारा परिपुष्ट किया गया है। वस्तुतः यह प्रेम से अधिक स्त्री-पुरुष संबंधों की शोकांतगाथा है। (इन ऊपर से सरल और सीधी प्रतीत होनेवाली कविताओं की प्रगल्भता कवि-व्यक्तित्व की प्रगल्भता है।) यह आधुनिक स्त्री का व्यक्तित्व है, जो अपनी अस्मिता और स्वतन्त्रता के प्रति अतिशय सचेत है। यह स्वयंवरा-हठीला मन है। इस मन में एक द्वंद्व चल रहा है। एक ओर नारी-सुलभ उत्कट और सघन प्रेमानुभूति और प्रेमी के प्रति समर्पित भाव है, तो दूसरी ओर अपने स्वतन्त्र व्यक्तित्व का भान है, जिसके कारण समर्पण और अस्मिता के बीच कश्मकश और तनाव है।

आधुनिक जीवन में प्रणय एक ऐसा भाव है, जो उत्पन्न होने पर विलक्षण आवेग और गति पैदा करता है। किन्तु मिलन के बिन्दु पर आकर फिर विनष्ट होने की प्रक्रिया प्रारम्भ होती है। लेकिन इसको न अस्वीकार करते बनता है, न स्वीकारने पर भूलने की सुविधा है। भूलने की इच्छा भी नहीं है, क्योंकि वह शून्य को स्वीकारना होगा, संवेदनहीनता होगी :

मैंने चाहा
तुम्हें भूल जाऊं

पर हम जो इतना हुए
जिए
बरसों बरस.
पनपे
अंधी लताओं-सा
एक-दूसरे को जकड़े
वे सब भी स्मृति से
मिट जायें
रह जाये मात्र
शून्यता
यह तो

मैंने नहीं,
नहीं चाहा

इस अवस्था में निरन्तर एक कचोट, एक टीस, एक दंश मन में सहना होता है, जिसके परिणामस्वरूप मन में एक-एक कविता सहज खिले फूल की तरह खिल कर आ जाती है (*'मैं स्वर हूं', 'कैसी वह कली', 'तब इच्छा थी', 'तुम्हारा मेरा रिश्ता', 'हालांकि अब कोई', 'अनायास ही', 'यह सुन', 'तुम्हें भूलने के'*)।

यह प्रणयिनी अपने प्रेम के प्रति जितनी उत्कट, प्रामाणिक और समर्पित रही उतनी ही अपनी अस्मिता के प्रति सचेत रही—यह सचेतनता कवि-व्यक्तित्व का एक सहज भाग है।

यहां प्रणय का आद्योपांत इतिहास घनीभूत हो गया है। एक ओर स्त्री की स्वाभाविक गहन उत्कटता है, समर्पण है, जुड़ने में आवेग और त्वरा है, सम्बन्धों के टूटने में विलक्षण दुख है, जो पूरे व्यक्तित्व को बहुत समय तक व्यथित किए रहता है, लेकिन इस सारे दुख के बावजूद अपने अकेले मन को अपनी हालत पर अकेले सम्भालने का दृढ़ संकल्प है, प्रेमी से सदा के लिए रिश्ता तोड़ने का निश्चय है। लेकिन इसमें जो घटित हुआ है— प्रेम के रूप में—उसके प्रति अनादर फिर भी नहीं है लेकिन समझौता भी नहीं है :

अनायास ही मेरे मन में
मीलों धंस गये
तुम
इंच-इंच कर निकले
मेरी विक्षिप्त रिरियाहट
अभी तक मुझे तोड़ती है
भगवान के लिए,
कोई कोशिश न करो

औरत के दिल से
पुरुष का उतरना
जब भी हो,
अंतिम होता है...
प्रणाम लो !

इन सभी कविताओं में नारीत्व का गुण है। यह विशेष स्पर्श करता है—आज के युग में। समानता के इस युग में पुरुष से स्पर्धा करने के प्रयास में नारी अपनी मूलभूत प्रकृति और विशिष्टता (जो स्त्री-पुरुष के बीच आकर्षण और प्रेम का मूल कारण भी है) को

लेकर पुरुष होती जा रही है। (यह पुरुष का सांप्रदायिक आग्रह नहीं है, न सामन्तवादी धारणा का प्रभाव), जिसके कारण स्त्री-पुरुष का सनातन आकर्षण खत्म होने की सम्भावना है, जो जीने की महत्वपूर्ण शर्त है। सुनीता जी में नारीत्व की मूलभूतता का सहज स्वीकार है, जिसके होने से समानता पर कोई खरोंच पैदा नहीं होती। एक छोटी-सी कविता में कुछ थोड़े-से शब्दों में जिन्दगी की पूरी यात्रा को संकेतित करने की क्षमता देखिए—"क्योंकि मन/जीवन भर/खंड-खंड बिखरा रहा/ तन जिधर झुका/केले के पत्ते-सा / चिरता रहा / हार गई // हाथ की एक ही रेख से जिजीविषा/"। अन्तिम दो-चार शब्दों के आघात से कविता को नया मोड़, सघन अर्थवत्ता और मौलिकता का स्पर्श देने की सुनीता जी की कलात्मक क्षमता अनेकानेक कविताओं में दृष्टिगोचर होती है।

सुनीता जी की कविताएँ यह स्पष्ट करती हैं कि आधुनिकता कोई ऊपर से ओढ़ी हुई चीज नहीं होती, आधुनिकता और परम्परा के स्वस्थ संश्लेषण में व्यक्तित्व की गरिमा और गम्भीरता है और उसके काव्यात्मक प्रकाशन से कविता का स्वर ऊंचा हो उठता है। सुनीता जी की यह कविता अपने लिए सच्ची है और अच्छी भी। मुक्त उड़ने के आकांक्षी पक्षी को आकाश में कहां रोक है ?

कविता की तलाश (विभूति प्रकाशन) 1983

सुनीता की कविता के बहाने कविता पर कुछ बातें

—परमानन्द श्रीवास्तव

अनुभूति की हार्दिकता को बहुत लम्बे समय से कविता के लिए भरोसे की चीज समझा गया है। आधुनिक कविता भी इसे कविता के बाहर की चीज तो नहीं मानती पर ज़ाहिर है इसे कविता के लिए पर्याप्त नहीं मानती। बौद्धिक अनुभूति की मांग आधुनिक कविता में अनेक रूपों में बढ़ी है। यह प्रायः जरूरी समझा जाने लगा है कि कविता का सरोकार आज की जटिल मानवीय नियति और समय की कठोर सच्चाइयों से बना रहे। कहने की आवश्यकता नहीं कि हमारे समय की कविता की जो पहचान बनी है, सुनीता जैन की कविताएँ उससे अलग हैं। उनकी कविताएँ कई बार बहुत निजी, 'पर्सनल', घरेलूपन में सीमित, स्त्री-सुलभ कोमल एहसासों के आसपास अपनी पहचान बनाती हैं पर उनमें किसी-न-किसी स्तर पर आज का तनाव भी लक्ष्य किया जा सकता है और यही वह संदर्भ है जिसके निकट पाठक को सुनीता की कविता की संभावनाएं दिखायी देती हैं।

सुनीता जैन की कविताओं के दो संग्रह (एक वर्ष के अंतराल से प्रकाशित) एक साथ मिले हैं—**'हो जाने दो मुक्त'** और **'कौन सा आकाश'**। मुक्ति की माँग, या मुक्ति के लिए व्यग्र छटपटाहट या मुक्ति की स्वीकृति—यह पहला प्रभाव है जो इन संग्रहों को देखकर मन पर पड़ता है। समय के साथ हों, न हों—ये कविताएँ शरीर और मन की विकलता में अनिवार्यतः जीवित कविताएँ हैं। 'रूमानियत' (जो अब लगभग एक दुर्गुण या गाली शब्द है) को लेकर कोई घबराहट या परेशानी सुनीता में नहीं है— यह फ़िक्र नहीं है कि जब एक ख़ास तरह की यथार्थाग्रही प्रतिपक्षबोध की कविता लिखी जा रही है तो उनकी कविता का सामाजिक मूल्य क्या होगा। इन कविताओं को सुनीता जैन अपने भीतर से ही प्रमाणित करना चाहती हैं—बाहर के किसी सामाजिक तर्क से नहीं, समकालीनता के दायरे में प्रचलित काव्य-मुहावरे से भी नहीं। कविता एक बेहद निजी चीज है उनके लिए और इस बेहद निजी चीज में हमारा दखल हमें जहाँ-तहाँ एक प्रीतिकर मार्मिक अनुभव दे जाता है। इन दो संग्रहों में बहुत-सी कविताएँ ढीली और अधबनी जानकर छोड़ देने पर भी जो कविताएँ अलग की जा सकती हैं वे अपने निजी दैहिक-मानसिक रंग में जीवित हैं। उन्हें कविता न मानने का मतलब है एक अपनी-जैसी पसन्द की तानाशाही की स्वीकृति।

दैहिकता नेरूदा की कविताओं में भी है पर वह तमाम दुनिया के ज़टिल संबंधों में

संक्रमित होकर उनके तनाव में महान कविता बनती है। सुनीता की कविता उस अर्थ में महान कविता नहीं है। पर अपने में, अपने निजीपन में, अपनी मासूमियत में और कभी-कभी अपनी अकेली व्यथा में ये कविताएँ अपनी पहचान बना जाती हैं। तन का उमड़ना, अंगार होना, लिपटना, भट्टी-सा दहकना, देह की छीनझपट, कसना, देह का मोह-उत्सव, देह की कोमल व्यथा, उत्तेजना का चरम पल, मन का सरसों-खेत जैसा फैलाव, उन्मुक्त झरना, उन्माद, एकान्त भटकना, रूठना-मनाना, प्यार का घरेलू स्वाद, अतृप्ति, अपूर्णता का बोध, टूटना—जैसे अनुभवों में सुनीता की कविता अर्थ ग्रहण करती है। कुछ कविताओं को पढ़कर एक समय के गिरिजाकुमार माथुर की याद हो आती—जैसे एक यह कविता—*'वे दिन गर्म कपड़ों से'*—

मैंने तहाकर रख दिए
वे दिन गर्म कपड़ों से
जिन्हें सँवारा था अक्षर अक्षर
स्पर्श के इतिहासों ने
और अब
खाली खुले कमरे में
पसरी हुई धूल-सा
किरकिराता सूनापन

कुछ छोटी कविताएँ 'नयी कविता' वाले दौर की याद दिलाती हैं जब कीर्ति चौधरी ने '*सुख*' जैसी कविता लिखी थी—'रहता तो सब-कुछ वही है/बदलता तो किंचित् नहीं है'। सुनीता की कविता '*इस साल*' इस सादगी और संक्षिप्तता में एक मार्मिक अनुभव दे जाती है—

इस साल कोयल नहीं बोली
न ऐनक उतार कर रखी
न खिड़की खोली

'कौन सा आकाश' संग्रह के फ्लैप पर लिखी पंक्तियाँ सुनीता की कविता पर सार्थक टिप्पणी है—"ये शब्द द्वारा नहीं, शब्द के प्रभाव द्वारा सीधे पाठक के संवेदन तंत्र को सम्बोधित करती हैं और तार वाद्य के झनझनाते स्पन्दन की तरह देर तक चेतना में बनी रहती हैं। इन कविताओं में एक खास फ़ेमिनिन गुण है जो सुनीता जैन की अपनी विशेषता है और जो हिन्दी में कहीं और नहीं मिलती।" सुनीता के यहां ऐसी कविताएँ भी हैं जिनमें भावुकता की जगह चुपचाप यथार्थ अनुभव ने ले ली है—एहसास के स्तर पर यह परिवर्तन गौर करने की चीज है—

अभी भी आते हैं
यदा कदा
यथार्थ से अधिक

झकझोरते
सपने
पर वे
तुम्हारे नहीं होते

(*अभी भी आते हैं*)

अपूर्णता और अतृप्ति का बोध सुनीता की दुनिया में बार-बार उभरता है—कारणों की मनोवैज्ञानिक पहचान भी 'मैं' 'तुम' के रिश्तों के विश्लेषण के बीच अभिव्यक्ति पाती है। दिलचस्प यह है कि इन कविताओं में यहाँ-वहाँ अतृप्ति या अपूर्णता को 'पुरुष' 'स्त्री' दोनों पक्षों से देख लिया गया है, इसलिए अक्सर कविता का टोन उपालम्भ या शिकायत का नहीं, समझ और स्वीकृति का है। बन्धन तोड़ने की विकलता ही यहाँ प्रामाणिक लगती है—

हो जाने दो मुक्त
आज अपनी ही राख से
उड़ूं झाड़कर पंख
चीर आकाश

नाजुकबयानी और लोकगीतात्मक कल्पनाओं के लिए एक उत्सुक अपनाव सुनीता की ओर से प्रकट है। प्रकृति से सुनीता का जो रिश्ता बनता है वह वही निजी रागात्मकता के बल पर। शारीरिक अनुभवों की चमक प्रकृति-चित्रों में भी लक्ष्य की जा सकती है—

एक छोटा शर्मीला तारा
कई रोज से
सरक-सरक कर
चाँद के बहुत नजदीक
आ गया और चाँद
इस खुशी में
काफी गदरा गया

छोटे मामूली स्मरणों में सुख मानने वाली सुनीता ने टूटने के दुख की कविताएँ भी लिखी हैं—पर इस दुख में सच को सहने, सामना करने की दृढ़ता है। काजल, बिंदिया, चूनर, मेंहदी के प्रति स्त्री-सुलभ आसक्तियों के बीच यह दृढ़ता रेखांकित करने की चीज है। 'तुम्हें मैंने गहा/एकनिष्ठता का वह हठ / मेरा था / मेरा उपक्रम / छुपी रहूँ तुम्हारे नाम में / तुम बौने निकले / या मैं चढ़ गयी आकाश / कौन जाने / चाहने से सपने / टूटते हैं / सच नहीं होते।' x x x 'हालाँकि अब कोई / फर्क नहीं पड़ता / तुम्हारा आना / या मेरा रोक पाना / दोनों ही मुमकिन नहीं।' x x x 'तुम मुझसे बचते हो / मैं भी / नकारती हूँ / हमारे / उस होने को / प्रत्याघात में' / x x x 'यह नहीं कि रस नहीं था / जहाँ हाथ बढ़ाते / पर जितना खुद को देते / उतना ही तो पाते' / x x x 'मुझे झेल न

पाये / अपनी शुचिता के भ्रम में / गर्वोन्मत्त तुम / सबल न थे / तुम्हारी दी यंत्रणा में / जकड़ी / मैं जीती रही / निर्बल न थी।' पराजय बोध और असहायता की कविताएँ भी हैं इन संग्रहों में—पर यह एक नया साहस भी जहाँ-तहाँ है जो आज का अनुभव जान पड़ता है।

तद्‌भवता के प्रति सुनीता का बहुत घरेलू किस्म का लगाव दीखता है— वह रोमांटिक लगाव भी हो तो अच्छा लगता है। 'लिलार', 'पाखी', 'अबेरी' जैसे शब्द अपना काम कर जाते हैं। सुनीता को जरूरत महसूस होती है इन शब्दों की—फैशन भर का संबंध नहीं है इन शब्दों के उपयोग से—जैसा आधुनिक शहरी संस्कृति का चलन है। लोकगीतों की-सी संवेदना भी घरेलू स्वाद में रची-बसी सुनीता के काव्य-संसार में मौजूद है—

बन्ने, मेरी लाड़ली का
धूप जैसा रंग—
निर्जल रहकर देखा इसने
हर करवे का चाँद
पूजे कितने पीर पित्तर
तब आया यह दिन
बन्ने, मेरी लाड़ली का
मोती जैसा रंग—

अमीर खुसरो से आज तक—लोकरंग के काव्योपयोग की परम्परा से पाठक परिचित हैं। उम्मीद है यह कोशिश उन्हें कविता की दुनिया में बिलकुल अजनबी नहीं लगेगी। 'रच दे माँ, हाथों में मेंहदी/मेंहदी ज्यों ताँबे के जैसी/दमके बदली सूरज ऊपर/छाकर कोई शाम'। सुनीता के यहाँ ये कविताएँ अटपटी नहीं लगतीं।

अब सवाल यह है कि सुनीता की इस छोटी, घरेलू, सीमित, कभी आत्मसंतुष्ट, कभी बेचैन, कभी खुश, कभी उदास, कभी समर्पित, कभी अलगाव की व्यथा लिए, कच्चे अनुभव-रंगों वाली दुनिया का शेष दुनिया से क्या रिश्ता बनता है, सरल वक्तव्य कई बार प्रीतिकर है, रहे, कविता क्यों है। कविता सुनीता के लिए बेहद निजी पर्सनल चीज है, हो, प्रकाशित होते ही पाठकों की दुनिया में उनका प्रवेश उनसे किस तरह का संबंध बनाएगा। इन सवालों पर सोचने की जरूरत सुनीता जैन को होनी चाहिए। पर्सनल कविताएँ शमशेर ने ढेरों लिखी हैं पर कविताएँ होते ही उनकी दुनिया बड़ी होने लगती है। आखिर क्या कारण है! वक्तव्य आज के बहुत सारे कवियों की जरूरत है— वह कहाँ किन चीजों से जुड़कर, किस प्रकार के तनाव में कविता बनाता है! सुनीता जैन की दुनिया से गुजरते हुए उनके पाठक भी इन सवालों पर ग़ौर कर सकते हैं।

अभिरुचि मई 1981

कहीं तना रह जाता है स्वप्न-जाल

—विद्यानिवास मिश्र

राधाकृष्ण के अव्यय प्रणय-व्यापार की तरह-तरह की भंगिमाओं की आधुनिक उद्‌भावनाओं का विन्यास है सुनीता जैन का काव्य संग्रह **'रंग-रति'**। इस न चुकने वाली अच्युत आसक्ति को आधुनिक मुहावरे में ढाला जा सकता है इस पर कोई जल्दी विश्वास नहीं करेगा, क्योंकि राधाकृष्ण के प्यार के साथ मध्युयुगीन भाषा की छवि ऐसी जुड़ी हुई है कि उस भाषा से अलग करके इस प्यार को देखा नहीं जा सकता, पर सुनीता के संग्रह को देखकर लगता है कि आधुनिक भाषा भी सशक्त है उस प्यार को आंकने में। सुनीता ने बहुत सहज ढंग से यहाँ-वहाँ कुछ ब्रजभाषा के मुहावरे, कुछ क्रियापद, कुछ सर्वनामपद आधुनकि हिंदी में पिरो दिए हैं, उससे भाषा तरल हो गई है, पर विन्यास पदावली से बिल्कुल अलग है, किसी शास्त्रीय राग की बंदिश नहीं है, मन के भीतर गुनगुनाने के लिए मानो ये कविताएँ रची गई हैं। इनमें कोई कसी हुई लय-योजना भी नहीं है, जैसे बिना यत्न के वेणी ढीली ही बँध गई हो, ऐसे पद और वाक्य खुले-खुले बंध गए हैं। **'रंग-रति'** की कविताओं में जयदेव, विद्यापति और सूर की पंक्तियों की हल्की-सी गूंजें हैं, पर कहने का ढंग बिल्कुल नया है। शायद यह नयापन उस प्यार की सनातनता का प्रमाण है कि कितनी भी बड़ी चुनौती क्यों न हो, यह गहा-अनगहा किशोर मन का उद्वेलन भाषा के लिए, पर उद्वेलन इतना तीव्र है कि यह भाषा ढूंढ के रहेगा।

'रंग-रति' नाम सार्थक है, क्योंकि यह सामान्य रति नहीं है, साधारण प्रणय नहीं है, इसमें प्रेमी प्रेमी नहीं रह जाता, प्रेम का नीलराग बन जाता है, नीलराग में सब रंग समा जाते हैं, वह निखिल कामनाओं के रंग जज्ब कर लेता है, ऊपर से व्यक्त नहीं होता, चटक नहीं होता, उसे जितना धोइए उतना निखरता है, धोकर जितना निचोड़िए उतना ही चटक होता है। राधा कन्हाई के प्यार में रंग कर नीलवसना होकर स्वयं नीलराग बन जाती है, पर तब भी यह प्यार अपने भीतर, अद्वैत हुए अपने भीतर एक द्वैत, एक संशय, एक भय, एक चिंता सिरजाता रहता है, यह रंग को थिर नहीं रहने देता।

'रंग-रति' की कविताएँ इसी अथिर भाव की कविताएँ हैं। इनमें अलग-अलग रंग खुलते हैं, सब फिर उसी एक नीलराग में घुल जाते हैं।

एक निपट शुचिवादी दृष्टि वाले को यह नागवार लगेगा कि ऐसे प्यार में देह का प्रसंग आता है। उनसे पूछना चाहिए, क्या देह के बिना किसी भाव का उन्मीलन संभव

है? क्या देह के बिना अपरिमित सुख की यातना झेली जा सकती है? क्या देह के आलंबन के बिना कोई देखने, सुनने छूने, की लालसा टिक सकती है? हाँ, यह जरूर देखना चाहिए, देह द्वार नहीं, मुख्य द्वार की देहली हो, उसका अतिक्रमण करके बाहर जाए, देहली पर बैठा न रह जाए। देह न हो तो भीतर ही घुटकर मर जाए, जीने की इच्छा देह को पाकर है। इस संग्रह में जो कविताएँ देह-कविताएँ कहीं जा सकती हैं, वे वस्तुतः देहली-लघंन की कविताएँ ही हैं।

जिन हाथों से हाथ को पकड़ा
बाल बिखेरे वेणी खोली
उन हाथों से कैसे वधु का
चिबुक उठाया लाज टटोली
हाय मैं कैसी आग जलूं री
हाय मैं कैसी आग गलूं री!

इनमें पहली चार पंक्तियां देह-प्रसंग ही हैं, पहली दो पंक्तियों में एक बरजोरी है, दूसरी दो में एक कोमल अनुभव, पर चारों मिलकर या एक दूसरे से संतुलित होकर बन जाती हैं आग, वह कोरी तन की नहीं है, वह मन की है और त्रिभुवन की है, सकल अस्तित्व की है। वैसे ये कविताएँ गिनती में बहुत कम हैं।

अधिसंख्य कविताओं में या तो बुद्धीन्द्रियों का व्यापार है या मन का या फिर मन के आहत हो जाने पर अंतरात्मा का। जो अतींद्रिय है, इंद्रियगोचर नहीं है, उसे भी ऐंद्रिय बनाकर निरायास रूप में यह सिद्ध कर दिया गया है कि कन्हाई के विषय बन जाने पर सब उलट-पुलट जाता है, सुख सलिल बन जाता है, मानस काठ बन जाता है और रूप-रस-गंध बन जाते हैं अपने ही चित्त के विकार।

कविता रचने का प्रयत्न कहीं नहीं दिखता, यह भी नहीं दिखता कि भक्ति का कोई आवेश हो। मीरा की तरह भोक्ता का भाव भी प्रबल नहीं है, विद्यापति या सूर की तरह साक्षीभाव भी प्रबल नहीं है। ऐसा लगता है जैसे कवि न हो आशुलिपिक हो, स्टेनो हो, विश्रृंखल बातें बस जैसा सुनता है लिखता जाता हो। यह विश्रृंखलता किसकी है, कौन बतला सकता है, अकेले एक की तो हो नहीं सकती। इतनी विश्रृंखलता एक कोई कैसे संभाल सकेगा, यह विश्रृंखलता लिपिबद्ध करने वाली की भी नहीं है, यह विश्रृंखलता एक राधाभाव परंपरा की है, हर संवेदनशील व्यक्ति को वह भाव-परंपरा किसी कोने से छूती है, वह उससे कभी-कभी एकदम घबरा भी उठता है। उसे लगता है सारी सृष्टि में कुछ उथल-पुथल हो गई है, चीजें अपनी जगह पर थिर नहीं हैं, पर वह प्राणी है, जाने किन-किन शैतानों के यहाँ गिरवी चढ़ा हुआ, वह संभल जाता है, बस विश्रृंखल क्षणों का एक स्वप्न-जाल कहीं तना रह जाता है। इन कविताओं में इसी से कहीं वैयक्तिकता नहीं परिलक्षित होती।

आलोचक इन कविताओं के बारे में क्या कहेंगे, नहीं जानता, मुझे ये कविताएँ बड़ी बेधक लगीं। जब इन पंक्तियों को पढ़ता हूँ :

बालक सा मन आतुर मेरा
क्या तुमने आवाज लगायी।
यहाँ नहीं तुम, वहाँ नहीं तुम
किस तट ढूँढूं किस अमराई

तो सचमुच कोई पुकार, बस पुकार मात्र आने लगती है पुकारने वाला नहीं दिखता, लगता है कैसी छलना है, पर कैसी विवशता है कि यह छलना न हो तो *ऊब आकाश बौर* की तरह छाय लेती है चारों ओर से।

बिना रूपक या प्रतीक का सहारा लिये भी कविता कैसे चोट कर सकती है, इसका एक उदाहरण लें :

न आओ न याद करो
दिन तो मैंने काट लिया
संध्या भी आती ही होगी
पक्षी लो चल पड़े नीड़ को
न आओ न याद करो
रात हुई पथ देखूं अपना
बंद देहरी दरवाजा अंगना
तीन पहर बस रहे भोर को
न आओ न याद करो।

कितनी तरस और कितनी दृढ़ता कि न आओ, याद भी न करो ? रात की दुस्सहता बस इतने से ही व्यक्त हो कि 'तीन पहर बस (कुछ ज्यादा) रहे भोर को,' एक पहर बीतते बीतते बीतते सब बंद हो जाय, प्रतीक्षा करें बाहरी चेष्टाएं आरत हो जायें, भीतर अकेले अव्यक्त प्रतीक्षा सुलगती रहे, यह सब इतनी सादगी से कह दिया गया है।

जहाँ कहीं संकेतों का उपयोग किया भी गया है वहाँ वे बहुत हलके हैं और बहुत संक्षिप्त हैं। एक कविता में टप से बूंदें टपकी हैं, इतना ही मात्र कह के बहुत कुछ कह दिया गया है कि जाने वे जल की हैं या रक्त की।

अंत में एक बात और कहना चाहता हूं।

राधा का भाव हमारे चित्त में प्रिया का भाव है, पर न तो कोई उस भाव के साथ तादात्म्य कर सकता है, न प्रियाजी के प्रियतम के साथ। यह तादात्म्य असंभव तो है, वर्जित भी है, वर्जित इसलिए कि बहुत खतरनाक है, ऐसा अभिमान पागल कर सकता है, ध्वस्त कर सकता है। स्वस्थ सचेत रहते हुए बस केवल विह्वलता की अभिव्यक्ति पवन में, आकाश में, जल में, पृथ्वी में, धूप में, चाँदनी में देखी जा सकती है। वह देखना भी

बहुत ही परिशोधित चित्त से होता है, आँखों से, इंद्रियों से नहीं होता। मुझे सुनीता की इन कविताओं में यह बात अच्छी लगी कि इनमें सुनीता कहीं नहीं है, है उसकी एक सांस्कृतिक विवशता जो उसे नीरंध्र कुंज के पास ले जाती है, बाहर रहकर ही वह एक सैलाब सुन सकती है।

रामनवमी, २०४३ वि.

देहली लंघन की कविताएँ

—**रवीन्द्र उपाध्याय**

राधा-कृष्ण के अक्षय प्रणय-व्यापार को व्यंजित करने वाली कृति-परम्परा की आधुनिक कड़ी के रूप में कवयित्री सुनीता जैन की काव्य-कृति '**रंग-रति**' अवलोकनीय है। '**रंग-रति**' की ५३ छोटी-छोटी कविताओं में राधा माधव के अनन्य प्रेम के विभिन्न आयामों को बांधने की चेष्टा है। राधा की मिलन-विरह जनित अनुभूतियों में विरह का रंग प्रगाढ़ है। संग्रह की पहली कविता (*'कान्हा शिशिर की रात . . . . . .'*) तथा अन्तिम कविता (*'बहुत देर से . . .'*) विरह बोधी ही हैं। बीच-बीच में मिलन-मोद की कविताएँ भी हैं, लेकिन उनकी संख्या कम है।

सुनीता जी की दृष्टि नायिका राधा की देह और तद्‌जन्य विलास-वीथि में उलझकर चुक नहीं गई है, बल्कि वह कृष्ण-प्रिया के मन और आत्मा के निकटतर टिकी प्रतीत होती है। इन्होंने अपने प्रेम-काव्य में देह की 'प्रस्तावना' को प्रतिष्ठा अवश्य दी है—

सूरज ने जब हाथ लगाया
तन-सरसिज अकुलाया
धीरे-धीरे / पंखुरी-पंखुरी
रंग-रति अरुणाया

देह को सर्वथा दुत्कार देने से काम चलता भी तो नहीं। देह नेह की उद्‌गम-भूमि है, प्रस्थान-बिन्दु भी। इसी भूमि से प्रेम भूमा की ओर ऊर्ध्वमुखी होता है। काशी की विस्तीर्ण गंगा की स्तुति करने वालों को 'गो-मुखी' का दाय भी अकुंठ होकर स्वीकारना चाहिए। हां, जहां 'चर्म' ही चरम बन जाए, वहां प्रेम की तलाश ही व्यर्थ है। प्रेम आनुपातिक होता है। बकौल जानकी वल्लभ शास्त्री. . ."केवल भौतिक मिट्टी का दूह है, केवल आध्यात्मिक शून्य का अनन्त विस्तार। चन्दन अकेला नहीं महकता।" '**रंग-रति**' में प्रेम का यह अनुपात गड़बड़ाया नहीं है, इसीलिए विश्वसनीयता खंडित नहीं हुई है। सुनीता जैन की 'राधा' का चन्दन-तन श्याम-स्नेह के सलिल में स्नात हो गगन को गन्धिल करता है. . .

भीग गया, री। तरु चन्दन तन
अम्बर भई सुवास।

डॉ० विद्यानिवास मिश्र ने ठीक लिखा है. . ."इस संग्रह में जो कविताएँ देह

कविताएँ कही जा सकती हैं, वे वस्तुतः देहली-लंघन की कविताएँ ही हैं। (**रंग-रति**, भूमिका)

'**रंग-रति**' शीर्षक सार्थक है। इन कविताओं में 'रंग-रति' की गहराई और गांभीर्य के स्पर्श की आकुलता है—'रति-रंग' की रंगरेलियों की उत्तेजना नहीं। ये कविताएं बुद्धि-विरल नहीं, भावना-सान्द्र हैं। राधा का प्रेम द्वैत की देहली से प्रस्थित होकर अद्वैत का लक्ष्य पा लेता है। अद्वैत की स्थिति में 'काम' का क्या काम! राधा स्वयं अनुभूत करती है....

एक निमिष में / टूट गया सब
ना तन अब ना / तन में सोंधी
सहज सुलगती / आंच, सहेली
राधा नहीं, कह राख सहेली।

उसका अपना पृथक कोई रंग शेष नहीं रहता, वह तो परम प्रिये के नील-वर्ण में विलीन है। प्रणय के इसी नील-रंग में राधा की अनन्य रति है—'रंग-रति'! मरण के काले रंग में भी वह वियोगिनी कृष्ण का ही रंग देखती है और आलिंगनोन्मुख होना चाहती है...

कट-कट कर जीवन की अवधि
आखिर कट ही जाएगी
रात काल की देख के काली
भुज दोनों फैलाऊंगी
तेरा ही रंग उसमें होगा
निर्भय अंग लगाऊंगी।

यान्त्रिक सोच और लगभग अजीर्णक यथार्थवादी दौर में सुनीता जी ने राधा-मोहन के माध्यम से जिस पवित्र प्रेम का पुनर्पल्लवन किया है, वह साहसपूर्ण है। अत्यन्त सच है कि जीवन में भूख है, संघर्ष है, लेकिन प्रेम भी तो है! 'लौ' के लिए 'तेल' जरूरी है। केवल 'लौ' लिखना यथार्थ का एक पक्ष (बेशक यह प्रबल पक्ष है) चित्रित करना है। सम्पूर्ण यथार्थ की अभिव्यक्ति के लिए यथोचित 'तेल' भी लिखना होगा। जिस तरह द्विवेदी-युग में खांटी नैतिकता के नाम पर रोमानियत को निर्वासित किया गया था, वैसे ही आज संघर्ष और विद्रोह के नाम पर उसे झडुआया नहीं जा रहा? डॉ० धर्मवीर भारती का यह कथन विचारणीय है..."जब तक जीवन है, तब तक जीवन संघर्ष है और उसी के साथ डैफोडिल भी है, वसन्त भी है, ऋतुएं भी हैं, प्रेम भी है...समूची प्रकृति है। उससे आँख मूंदकर चलना यथार्थवाद के नाम पर यथार्थ को झुठलाना है।" (न. भा. टा., 20 मार्च, 1988)

राधा के विरह-वेग को भाषा-बद्ध करने में, ब्रजभाषा की बांह थामे रहने के बावजूद

जहां-तहां कवयित्री के शब्द हकलाते हैं, लय टूटती नजर आती है और छन्द छितराने लगते हैं; लेकिन भाषा का मार्दव कहीं भी मलिन नहीं पड़ा है। वस्तुतः जयदेव और चण्डीदास को छोड़ भी दें तो जिस विषय का मानस-मन्थन विद्यापित एवं सूर ने किया है, मूल स्वरूप की रक्षा करते हुए उस विषय में परवर्ती कवि के लिए अभिनव रच देना नामुमकिन-सा है। सुनीता जैन की भी यही स्थिति है। संतोषप्रद है कि वे इस विषय के मूल सांस्कृतिक मूल्य को संभालने में सफल रही हैं।

बहरहाल, '**रंग-रति**' से गुजरते हुए मन को सुकून अवश्य मिलता है, जैसे जेठ की दोपहरी में चलते हुए सिर के ऊपर औचक चटाई भर बादल छा जाए! प्रत्येक कविता के पृष्ठाधार में अंकित भावानुकूल रेखा-चित्र, संग्रह का सौष्ठव बढ़ाते हैं। संग्रह की अन्तिम कविता की अन्तिम पंक्तियां हैं—

"केवल टपकती है बूंद/टप से/ फिर दूसरी
दूसरी/नहीं ज्ञात/कहां/पानी थी/ या रक्त की"

अगर प्रूफ की भूल[1] न हो, तो यहां "पानी थी" की जगह होना चाहिए ..."पानी की।"

दस्तावेज (39) / अप्रैल 1988

1. प्रूफ की भूल नहीं है।—सुनीता जैन

अनुभव की विविधता का काव्य

—चन्द्रभानु प्रसाद सिंह

सुनीता जैन रचित कविता-संग्रह '**सूत्रधार सोते हैं**' में अनुभव की विविधता है। इसका विस्तार मानवीय सम्बन्धों से लेकर प्रकृति तक है। सुनीता जी ने कवि-कर्म को गम्भीरता से लिया है। उनकी दृष्टि में कविता 'बालों की वेणी' या 'कानों के स्वर्ण फूल' या 'कांधे की रेशम साड़ी' जैसी उपहार की वस्तु नहीं होती जिसे जब चाहा धारण कर लिया और जब मन ऊबा तो तहाकर रख दिया। कवयित्री पाठक से भी कवि-हृदय की अपेक्षा करती है। बहुत पहले घनानंद ने भी अपने पाठकों के लिए शर्त रखी थी—"नेही महा ब्रजभाषा प्रवीन औ सुन्दरतानि के भेद को जानै...।" पाठकों से कवि-हृदय की अपेक्षा वस्तुतः पूर्ण और संवेदनशील मनुष्य की तलाश है। सुनीता जी को अपनी काव्य-परम्परा का गहरा बोध है और उसके दाय को स्वीकार भी करती हैं। टी॰एस॰ इलियट ने जिस परम्परा-बोध की बात की है, उसकी ओर '*कैसे-कैसे लोग गये*' में प्रकारान्तर से इशारा किया गया है—"लेकिन उनके गीत पुरे / मेरे अपने गीतों में/. . . यह जन्म किया सारा-का-सारा उन गीतों के नाम।"

'**सूत्रधार सोते हैं**' में अमानवीय वर्तमान का गहरा अहसास है। '*जब तक चिड़िया को*' शीर्षक कविता में समाज के बंजर हो जाने की भयानक सूचना मिलती है। तभी तो चिड़िया का पुराना खेत कांटों से भर गया है। '*भूलती जा रही हूं*' में सुनीता जी बड़े दर्द के साथ महसूसती हैं कि सुबह-सुबह चिड़ियों का गाने और दाने चुगने के निमित्त आना विस्मृत होता जा रहा है। फूलों का खिलना और ऋतुओं का बदलना भी विस्मृत होता जा रहा है। और सबसे खतरनाक बात कि कल तक के सारे 'अपने कल' विस्मृत हो रहे हैं। भाषाहीन हो गये जगत में कवयित्री अकुलाकर प्रश्न करती है—"तुम ही कहो / अब कैसे जीते?"

सुनीता जैन सम्बन्धों की रिक्तता का गहरा बोध कराती हैं। अकेलापन चतुर्दिक पसरा दृष्टिगत होता है। घर की मुंडेर पर न कागा बोलता है, न सांकल बजती है और न ही कोई पदचाप होती है। गहरी काली रात में अकेलेपन के त्रास को झेलने के लिए अभिशप्त मनुष्य की त्रासदी की ओर कवयित्री ने बखूबी इशारा किया है। अकेलेपन के इस बोध के मूल में कहीं-न-कहीं सामाजिक-साहित्यिक छल-छद्म भी है। कवयित्री इस छल-छद्म के प्रतिक्रियास्वरूप एकांत का वरण करती हैं—"मैं अपनी भूल को / स्वयं

स्वीकार करती हूँ, / और दण्ड में / अपने अंत के / अंतिम क्षण तक / एकांत का ही फिर से, / वरण करती हूं।" अकेलेपन और अमानवीय अनुभूतियों का उत्स नारी की दुर्गति में भी ढूंढ़ा जा सकता है। उसकी नियति भोजन बनाने और टी० वी० सीरियल देखने भर की है—"मैं वापिस पहुंच गई हूँ घर / जहां कुछ फैसलों को, / मेरी प्रतीक्षा थी, जैसे—/ शाम के खाने में /सब्जी क्या बनेगी, / टी०वी० पर कौन-सा / सीरियल देखा जायेगा।"

इस विवेचन से किसी को यह भ्रम नहीं होना चाहिए कि सुनीता जी नयी कविता-अकविता के घुटन, संत्रास व अकेलेपन की पीड़ा को अभिव्यक्त कर रही हैं। उसमें एक अदम्य जिजीविषा का भाव भी है। तभी तो वे लिख पाई हैं—"देखो, कितने / सपने खिले, / कितने, / कितने, / दोपहरी के फूलों-से / रंग, / हिले-मिले।" सुनीता जी विषम मानवीय परिस्थितियों के बीच रचनात्मक संघर्ष करती हैं—"इतना सब संसार, यहां / छोटी मेरी कथनी, कैसे बचे, बचा पाऊंगी ? . . सम्भव हो तो / ले जाना, / मुट्ठी में यह बूंद, / उर पर / लिखकर / कहा-सुनी।" कवयित्री का यह तेवर एक हद तक युवा कवि बद्रीनारायण के मेल में है। यह रचनात्मक संघर्ष वस्तुतः जीवन के प्रति आस्था का द्योतक है। जीवन के प्रति आस्था अनेक कविताओं में सार्थक ढंग से व्यक्त हुई है। '*कुछ तो लगे अच्छा*' में जीवन के स्वाद की तलाश है। ऊसर दिन में स्वाद की घड़ी-दो घड़ी की तलाश होती है। कवयित्री अकेलेपन की तंग गुफा में रह तो रही है, पर वहां सदा रहना नहीं चाहती। '*अब मैं*' में उसकी स्पष्टोक्ति है— "जीवन जैसा भी हो स्वीकार मुझे एक अस्वीकार बस, नारी में, नायिका खंडिता।" कंटकापूर्ण समाज में उसके पैर लहूलुहान हैं, वह अकेले रोने के लिए अभिशप्त है, किन्तु उसकी आशावादी टेक है—"दिन गया / संझा चली, / प्रात में बस / रात की / दूरी।" '*यूं तो कभी*' का सारा सौंदर्य 'प्रात में बस रात की देरी' के आशावाद पर टिका है। कवयित्री बोलते और लहराते शब्दों के सहारे निरर्थकता और विवशता के पारावार को पार करने की शपथ लेती है, वह हार को मुंह चिढ़ाती प्रतीत होती है। प्रकृति का सम्पूर्ण विस्तार और संगीत जीवन के प्रति आस्था जगा जाता है, जीवन जीने की 'शपथ' दिला जाता है—"हर निरर्थकता के बोध से / जीवन की हर विवशता, हार से / बिना हारे / बिना स्वीकारे कि अब / और नहीं, / केवल इन बोलते/लहर-लहर आते शब्दों के सहारे / चलूं, भले अकेले / मैंने शपथ ली, / माँ, देवी भगवती।"

'सूत्रधार सोते हैं' वस्तुतः प्यार की वापसी की कविताएँ हैं। सुनीता जी लिखती हैं—"कहो क्या/चल पड़े वापस / बिना भेजे / कोई चिट्ठी, / बिना डाले / कहीं से तार ?" यह वापस चल पड़ना महज किसी प्रियतम का वापस चल पड़ना नहीं है, वह प्रेम कविताओं की वापसी की सूचना भी है। प्रेम के मेघ फिर घिर आये हैं। सद्यःस्नात शिखरों से 'शैलसुता' चलने को उद्यत है। महत्वपूर्ण बात है कि सुनीता जी मानवीय

सम्बन्धों की इस अकाल बेला में प्यार की बात करती हैं। जहां कुछ भी नहीं रह जाता, "वहां किसी अनाम का / अनाम के नाम / लिखा रह जाता ?/... शब्द एक / प्यार/" *'अँधियारे में भोर तक'* शीर्षक कविता में प्रेम की एक गहरी टीस का बोध होता है। धरती के ओर-छोर तथा अनुभूतियों की कोर तक और भाषाओं के शोर के बीच कवयित्री प्रियतम के दर्शन की आशा में भोर तक विरहाग्नि में जलती है। उसके भीतर प्यार को छककर पीने की चाह कुलांचें भरती है। *'कल न जाने हो न कल'* में यह चाह बड़े ही मूर्त ढंग से व्यक्त हुई है। इसे पढ़कर किसी को लग सकता है कि सुनीता जी अस्तित्ववादी क्षणबोध से आक्रांत हैं, पर ऐसा कुछ है नहीं।

वस्तुतः सुनीता जी जीवन की पूर्णता की तलाश करती हैं। पूर्णता की यह तलाश महत्वपूर्ण है—"आज मैं जान सकी हूं कि / जब आधा नहीं होता तो / घर में घर नहीं होता / दीवारों में हाथ नहीं होते,/ द्वार में स्वागत के दो बोल / धरा में भोजन का स्वाद/ नहीं होता...।" पूर्णता की इस तलाश में सम्बन्धों की एक परिधि से निकलकर दूसरे में संतरण की स्थिति *'क्या यह कविता'* में देखी जा सकती है। इस कविता के संदर्भ में बरबस 'मुझे चांद चाहिए' की 'वर्षा वशिष्ठ' याद हो आती है। इसलिए यदि कोई चाहे तो यहां उत्तर आधुनिकतावाद का लेबल लगा सकता है। पर, ठेठ हिन्दी पाठक तो इसे 'पूर्णता की तलाश' मानकर ही संतुष्ट हो लेगा।

'सूत्रधार सोते हैं' की कुछेक कविताओं में प्रकृति से गहरा तादात्म्य दृष्टिगत होता है। यह कवयित्री के आत्म-विस्तार का द्योतक है। इस संदर्भ में *'चम्पई चम्पा'* उल्लेखनीय है। *'शंपा'* की प्रकृति 'हाइकु' की भावभूमि को गोचर करती है। *'सावन'* का एक परत आकाश गिरता है और धरा के साथ मन-सावन गाने लगता है। *'कवि की कल्पना नहीं'* में प्रकृति की पूर्णता का साक्षात्कार तोष देता है और इस तोष का मूल अपूर्णता या असंतोष में भी रेखांकित किया जा सकता है।

'सूत्रधार सोते हैं' में आस्तिकता मिश्री की तरह घुली है, जिसका आस्वादन सहज ही किया जा सकता है—"मेरा हर अक्षत,/ मंदिर से, अक्षत होकर / लौट रहा / मेरे प्रभु का / हर भाल तिलक,/ मुझमें / श्रीखंड / घोल रहा।" ध्यातव्य है कि सुनीता जी उस नाद की गायिका हैं जिसमें नारायण का औदात्य है।

सुनीता जी ने *'मेरी कविता यदि'* शीर्षक कविता में शर्त रखी है कि यदि उनकी कविता चित्र नहीं, उनके शब्दों की कोई पहचान नहीं और उनकी कथनी अर्थवान नहीं, तो उनका जिक्र नहीं किया जाय—

मेरी कविता यदि
चित्र नहीं

मेरे शब्द

नहीं पहचान

मेरी कथनी
नहीं अर्थवान
मेरा जिक्र
नहीं छापो

गिनती में
गिनवाओ मत
नाम

पर इतना तय है कि उनकी कविताएँ निश्चितरूपेण चित्रात्मक हैं। उनके शब्दों की, उनकी काव्य-भाषा की एक सरस पहचान बनती है और उनके कथ्य गहरे स्तरों पर अर्थवान हैं। उनकी अभिव्यक्ति में जबर्दस्त सधाव और परिपाक है।

समीक्षा अक्तूबर-दिसम्बर 1995

सुनीता जैन की कविताएँ

—रामदरश मिश्र

डॉ० सुनीता जैन की कविताएँ[1] मुझे बहुत प्रीतिकर लगीं। इन कविताओं की अपनी पहचान है। आज की एकमुखी कविताओं और गीतों की भीड़ में अपनी एक पहचान बना लेना किसी कविता की मैं बहुत बड़ी विशेषता समझता हूँ। इन कविताओं को पढ़ते समय ऐसा अनुभव होता है कि हम कुछ ताजा और विशिष्ट अनुभवों से गुजर रहे हैं। यह सही है कि इन कविताओं की दुनिया बहुत बड़ी नहीं है। इनमें समकालीन यथार्थ के बहु आयामी स्वर नहीं हैं लेकिन जो दुनिया है वह बहुत आत्मीय है, ताजा है और कवयित्री के प्रामाणिक अनुभवों से बनी है। पुरानी शब्दावली में इन्हें रूमानी कविताएँ कह सकते हैं किंतु यह रूमानियत जहां अनेक कवियों के लिए खतरा बन जाती है वहां सुनीता के लिए शक्ति बन गयी है क्योंकि यहां रूमानियत मनुष्य और प्रकृति के प्रति एक स्वस्थ भावात्मक लगाव से फूटी है। यह लगाव काल्पनिक नहीं है और न स्फीत है बल्कि अनुभवजन्य है और सीमित तथा गहरा है। पारिवारिक संदर्भों में प्रेम के अनुभव के अनेक छोटे-छोटे और ताजा चित्र इन कविताओं में उभरे हैं। इन्हीं प्रेमानुभवों के इर्द-गिर्द प्राकृतिक परिवेश के कुछ बहुत आत्मीय संदर्भ सहजता से बुन दिये गये हैं। ये अनुभव और संदर्भ पारस्परिकता से एक ऐसे प्रभाव की सृष्टि कर देते हैं जो पारंपरिक प्रभाव से अलग हो उठता है।

ये कविताएँ गीतात्मक हैं लेकिन चालू गीतों के घिसे-पिटे हुए ताल, छंद, लय और शब्दावली से मुक्त होकर सहज भाव से अपनी एक नयी अभिव्यक्ति पद्धति गढ़ लेती हैं। जाने-पहचाने छोटे-छोटे शब्दों, प्रकृति और परिवार के टटके बिंबों, हलकी-हलकी लयात्मकता से निर्मित प्रेम संवेदना की ये कविताएँ अनेक-अनेक छोटे-छोटे, गंध-रंग वाले फूलों की तरह खिली मालूम पड़ती हैं।

---

1. सुनीता जैन की कविता पर सबसे पहली प्रतिक्रिया

प्रेम, करुणा और प्राकृतिक सौन्दर्य की कविताएँ

—डॉ० गुरचरण सिंह

सुनीता जैन की कविताओं से गुजरते हुए ऐसा लगता है कि उन्होंने खुद को समकालीन कविता आन्दोलनों से दूर रखा है। कविता आन्दोलनों से खुद को मुक्त रखना सहज नहीं होता। धारा के प्रभाव में लिखने वाले कवि जल्दी ही चुक जाते हैं, क्योंकि वे कुछ विशिष्ट या नया नहीं दे पाते। पर समय की धारा के साथ चलना तथा रचना में प्रासंगिकता बनाये रखना भी जरूरी होता है। इससे रचना में निरन्तर विकास नजर आता है और कवि खुद को रचना में बार-बार दुहराता नहीं है। इसलिए प्रतिभा, अनुभव तथा रचना को नैसर्गिक रूप में फलने-फूलने देना चाहिए। किसी भी प्रकार का अंकुश रचना को स्थिर कर देता है, उसके विकास में बाधक बनता है। सुनीता जैन की कविताओं में आधुनिक बोध है, पर आधुनिकता को ढोने की प्रवृत्ति नहीं है। वे आधुनिकता को फैशन के रूप में नहीं लेतीं। उनकी कविता में आधुनिकता वैचारिक तथा भावनात्मक दोनों स्तरों पर देखी जा सकती है। सुनीता जैन दिखावे में विश्वास नहीं रखतीं। कवयित्री के कवि व्यक्तित्व का विकास सहज और नैसर्गिक है, इसलिए उनकी कविता में जो कुछ भी व्यंजित हुआ है, वह उनका अपना है। इसी कारण उनकी कविता में ईमानदारी है। सहजता उनकी कविता का पहला गुण है। वह सीधा पाठक के मर्म को छूती हैं, क्योंकि कविता में व्यक्त अनुभव हम सभी के हैं।

सुनीता जैन कविता को बिंबों-प्रतीकों की चमक-दमक से सजाती नहीं हैं। कहीं पर सचेत प्रयास नजर नहीं आता न अलंकारों के प्रयोग में और न शब्दों के प्रयोग में। बिंबों तथा प्रतीक का प्रयोग जहां भी हुआ है वह स्वाभाविक, सहज रूप में हुआ है। वह आरोपित नहीं लगता। उनका शब्द प्रयोग भी सघन अर्थवत्ता तथा कलात्मक क्षमता को हमारे सामने रखता है। सुनीता जैन मुक्त रूप से उड़ान भरना चाहती हैं— किसी प्रकार की बाधा उन्हें सह्य नहीं। यह मुक्ति का भाव उन्हें कविता की भीड़ में अलग पहचान देता है। कभी-कभी उनका यह मुक्ति तथा प्रेम का भाव लौकिकता की सीमा को तोड़ता हुआ लगता है तो कहीं-कहीं अलौकिकता की सीमा में प्रवेश करता हुआ। ऐसी कविताएँ रहस्यमयी हो जाती हैं। उनमें कभी सूफियाना स्वर उभरता है तो कभी रहस्यवादी।

प्रेम, कवयित्री का प्रिय विषय है। प्रेम के विविध रूपों, स्थितियों, तनावों का चित्रण सुनीता जैन की कविताओं में हुआ है। प्रेम चित्रण में उनका मन रमता है। वे

लिखती हैं—"मैं जाने कितने गीत प्रेम के / गा सकती थी / सांसों में मलयज / माथे पर चांद / उगा सकती थी।" विरह सहा नहीं। प्रेमी की स्मृति पुलकित करती है—''बहुत दिन बहुत देर बाद / तार कहीं से जुड़ गया" इस तार के जुड़ते ही पूरा वातावरण हर्ष, उन्माद से भर जाता है। इस तार के जुड़ने से पूरी प्रकृति ही प्रभावित हो गयी है। प्रिय की स्मृति से ही "गा उठे जंगल सभी / तड़पी गगन में दामिनी / जूही खिली, बेला ने भर दी रक्त में ठंडी सुरा।" प्रेमी ही कवयित्री के लिए कविता है—"हर सांस में / तुम / हर सांस में कविता" प्रेमी का श्वास में होना, हर पल पास या स्मृति में होना, कविता को जन्म देता है, उसे प्रेरित करता है। प्रिय के पास बैठना, उससे बातें करना यदि सम्भव न हो तो ऐसी स्थिति में उसके पास होने का, अपना होने का एहसास ही पुलकित कर देता है "सच ही यह कम नहीं / कि तुम हो" क्योंकि तुम्हारे होने से "इस वायु को / मैं जहां से भी / अपने अन्दर खींच लूंगी / वहीं से वह तुम्हारी सुवास है।" प्रेमी के संग बिताये क्षण निरन्तर पीछा करते हैं। स्मृतियां कौंधती हैं, दृश्य उभरते हैं और वह कल्पना लोक में खोयी उन स्मृतियों की गंध में घिरी, उन्हीं में खोयी रहती है। उसे सुख मिलता है—क्षणिक सुख, क्योंकि उसे यथार्थ की भूमि पर लौटना है, इस सत्य को वह झुठला नहीं पाती और वह पाती है— "अपनी खिड़की में अब / इस सर्दी में / खड़ी अकेली।' प्रिय के न होने से बाकी सभी सम्बन्ध अर्थहीन लगने लगते हैं—"इतने सारे लोग यहां / इतने सब सम्बन्ध / एक तुम्हारे / न होने से / हैं सब रस्ते बंद।"

कुछ कविताओं में आत्मविलयन का भाव अभिव्यक्त हुआ है। प्रेमी के साथ एकाकार। ऐसी कविताएँ रहस्य को लिए हुए हैं। "मेरा मैं भी तुमसे मिल अब / तुम ही हो जाता है।" तो कभी "अपने इस छोटे अंकुर पल में / तुम को ही कमरे में पाकर" वह अलौकिक तृप्ति को अनुभव करती है। उसकी सभी मनोकामनाएं पूरी हो जाती हैं। ऐसी अवस्था में ही वह अनुभव करती है— "अणु-अणु तो / तुमसे रंग आया है।" यह आत्मविलयन है। मैं मैं नहीं रहता, तुम तुम नहीं रहता। दोनों एकरूप हो जाते हैं।

मैं और तुम अहम् वाचक है— "जो होता है / वह होता अन्तर की पीड़ा / पीड़ा के सम्प्रेषण में" पीड़ा की अनुभूति ही प्रेम की पहचान है। अहम् भाव को त्याग कर ही इस पीड़ा की अनुभूति सम्भव है। पर प्रिय से विलयन या मिलन व्यक्ति के हाथ में नहीं। प्रिय से मिलन यदि भाग्य में हो तभी होता है—"हाथों की लकीरें कभी झूठ नहीं कहतीं/तुम आये / तुम्हारा लिखा हुआ था आना।" कवयित्री का भाग्य में अटूट विश्वास है। प्रिय मिलन की इच्छा से ही उससे मिलन नहीं हो जाता। व्यस्त जीवन में शेष सब यथावत् चल रहा है उसमें इस इच्छा से कोई अन्तर नहीं आता। पर जीवन की इस यांत्रिकता के साथ मन के किसी कोने में प्रिय की स्मृति, उससे मिलने की इच्छा क्रियारत रहती है। भाग्य में यदि उससे मिलना लिखा है तो अवश्य होगा। पर जिससे प्रेम किया है उसे भुला पाना सम्भव नहीं होता—"बीत गये दिन / रीती उमरिया / उर ने

नहीं सीखा बिसराना।" इस लम्बी प्रतीक्षा के पीछे के दर्द, पीड़ा, दुख, व्यथा को समझा जा सकता है। व्यक्ति पूरी तरह टूट जाता है। प्रेम में मरने से अगले जन्म में प्रेम पाने की आशा बनी रहती है, पर प्रेम का अन्त या उसका टूटना इस उम्मीद को भी छीन लेता है। "तुम कह सकते हो— किन्तु मैं नहीं / कि जो कहा / वह थी शब्दों की लच्छेदारी" कवयित्री प्रेम में पवित्रता चाहती है। लच्छेदार शब्दों द्वारा व्यक्त किये गये प्रेम में प्रेम नहीं वासना होती है। वासनाजन्य प्रेम तथा पवित्र प्रेम को समझ पाना सहज नहीं। इसी कारण भ्रमवश या धोखा खा जाने पर उस पीड़ा को आजन्म भोगना पड़ता है। क्योंकि दोनों में से एक को तो उस प्रेम पर विश्वास होता ही है—"मैं क्यों पूछूं / क्यों पूछूं मैं / रहे कहां / तुम गये कहां" प्रिय से किसी प्रकार के धोखे की उसे सम्भावना नहीं है। विश्वास ही सच्चे प्रेम का आधार होता है। इसी विश्वास को व्यक्त करते हुए वह लिखती है— "तुम चलो, मैं बाद तुम्हारे / चलूं मूंद कर आँख।" या "तुम देखते हो मैं केवल / तुम्हें देखती हूं।" प्रिय के बिना वह किसी रूप को देखना नहीं चाहती। ऐसे विश्वास की टूटन, व्यक्ति को पूरी तरह से तोड़ देती है। नारी का पुरुष पर विश्वास और उसके टूटने से उपजी व्यथा अधिकांश कविताओं में व्यक्त हुई है। कवयित्री अटूट सम्बन्धों की पक्षधर है। पर ऐसा सम्बन्ध उसे मिला नहीं। इसी कारण कविताओं में अविश्वास, सम्बन्धों के टूटने की पीड़ा व्यक्त हुई है।

सम्बन्धों की नाजुकता को कवयित्री समझती है। सम्बन्ध स्थापित करने में लम्बा समय लगता है, पर टूटने में पल। छोटे से प्रहार से ही वे टूट जाते हैं। ऐसा तभी होता है जहां विश्वास का अभाव होता है। ऐसी स्थिति में "कितने सतर्क हो गये हैं हम / फूलों की सम्भावना से।" हल्का सी स्पर्श-सुगन्ध भी जहां विह्वल कर सकती है, तोड़ सकती है ऐसे सम्बन्धों के लिए "बहस अब व्यर्थ है / कि वह किस से हुआ / किस प्रकार।" यदि ऐसे सम्बन्धों को जोड़ने का प्रयास भी किया जाये तो "निभ नहीं पाते जोड़ने के बाद सम्बन्ध / वे टूटने से पहले / अपने विषैले दांत / जहां गाड़ देते हैं / वह जगह उतनी भस्म हो जाती है।" इस जली हुई जगह को फिर से हरा नहीं किया जा सकता—लाख कोशिश करने के बावजूद। मधुर सम्बन्ध सहसा कसैले कैसे हो जाते हैं इसे समझना सरल नहीं—"हम जो / निर्दोष / कपोत युग्म से / केवल अपनी क्रीड़ा में / रत रहना चाहते थे / और रहे. . . / फिर क्या हुआ—हाय, कैसे / तुमने आघात किया।" इस आघात के साथ ही सम्बन्ध टूट जाते हैं। यह आघात, हमारी सोच, सम्भावना, विश्वास के प्रतिकूल होता है इसी कारण गहरी पीड़ा का कारण। दूरी, अलगाव का गहरा तनाव घेर लेता है जिससे मुक्त होने की फिर कोई राह नहीं सूझती। हठ, दर्प सम्बन्धों के बीच आ जाता है जिससे 'क्षमा-द्वार' पर पहुंचना सम्भव नहीं हो पाता। ऐसी स्थिति में "होता अपना ही हनन/ अपने हाथों/ बार-बार।" दृढ़ सम्बन्धों के लिए विश्वास और निश्छलता की आवश्यकता है—"कैसे वे सम्बन्ध/ होते होंगे/ जो भय से परे / पूरे अभय में / एक-दूसरे के रहते बने।" पूर्ण अभय सम्बन्ध देखने को कहां मिलते हैं। सन्देह, ईर्ष्या,

स्वार्थ के कारण सम्बन्धों में भय का भाव सदा बना रहता है। अपने आत्मीय जन कहे जाने वालों से भी भय तो रहता ही है। यह भय युग की देन है। जिस भौतिकवादी परिवेश में हम रह रहे हैं, वहां पवित्र सम्बन्धों की कल्पना भी नहीं की जा सकती। आज सम्बन्ध व्यक्तिगत आवश्यकताओं को ध्यान में रख कर बनाये जाते हैं। इनमें सम्बन्धों की अपेक्षा समीकरण का भाव अधिक रहता है—"तुम मुझे अच्छे लगे। और तुम्हें शायद/ मैं भी" इस आधार पर बने सम्बन्ध तभी तक टिकते हैं जब तक वे एक-दूसरे को अच्छा लगते रहते हैं। ऐसे सम्बन्धों के पीछे स्थायित्व का भाव कम ही होता है। दृढ़ सम्बन्धों के लिए चाहिए विश्वास और सरलता जो काफी समय के बाद उपजता है। जैसा कि पहले लिखा है कि सम्बन्धों की टूटन व्यक्ति को बुरी तरह तोड़ देती है—"मैं क्यों जलूं / जो हमारे बीच / नहीं अब" कह भर देने से व्यक्ति अतीत से नहीं कट जाता। स्मृतियां सहजता से पीछा नहीं छोड़तीं। उनके दंश, तनाव को लम्बे समय तक तो कभी आजीवन सहना पड़ता है।

इतना सब होने पर भी सुनीता जैन की कविता का स्वर आस्था का है। वह जीवन से निराश नहीं। वह जानती है स्थितियों में सुधार होगा। व्यक्ति अभी बिल्कुल नहीं रीता है। कुछ-न-कुछ अभी भी शेष है। उस कुछ से सभी कुछ की प्राप्ति सम्भव है। व्यक्ति के पास—"खुलती कुछ यादों / डलती संकल्पों की" कुछ गांठें होनी चाहिए, जिन्हें खोलते ही वह अपने सपनों को साकार कर सकता है। वह जानती है— "कि आदमी मरा नहीं है मरा हुआ दिखता है जितना" उसे विश्वास है कि व्यक्ति ने जो खोया है, वह उसे पुनः प्राप्त कर लेगा। पर इसके लिए संघर्ष की आवश्यकता है। क्योंकि आज का आतंकित व्यक्ति न अतीत में झांकना चाहता है और न आने वाले संकटों का सामना करना चाहता है। इसी कारण—"बीच की संकरी जगह से" न वह आकाश देख सकता है और न सड़क। यहां तक कि अपनी सांस की आवाज से भी उसे भय लगता है। ऐसी स्थिति में भी कवयित्री आशावान है। वह व्यक्ति को स्थिति से जूझने, संघर्ष करने के लिए प्रेरित करती है। उसे विश्वास है कि कोई न कोई रास्ता अवश्य निकलेगा। इसके लिए जरूरी है कि हम वर्तमान तथा भविष्य को सुधारने में जुट जायें। इसके लिए अतीत को भूलना होगा—"तुम भी छिन गये को / भूल जाओ"। हम फिर से निर्माण कर सकते हैं, खड़े हो सकते हैं, क्योंकि "यह धरा कितनी विपुल / कितनी सदय है।"

'कहीं न मेल होगा' कविता में कवयित्री समय के सदुपयोग पर बल देती है। क्षणिक जीवन में बहुत कुछ कर लेने तथा पा लेने के लिए वह प्रेरित करती है।

नगरों में ऊंचे-ऊंचे मकानों से गांव के खुले हवादार मकान कवयित्री को पसन्द हैं। ऊंचे तथा बंद मकानों में रहने वाले लोग नहीं जानते कि "बेला से गमकती सांझ / कितनी मादक होती है / वे नहीं जानते / बारिश की फुहार / छत में भिगोये को / किन बांहों में झुलाती है / सुखाती है" वे सिर्फ इतना जानते हैं कि ऊपर के फ्लैट में जब

धम्म-धम्म होती है तो उनसे कैसे लड़ा जाता है। ऊपर या नीचे के फ्लैट में रहने वालों से कोई प्रेम-पूर्ण सम्बन्ध अब नहीं रहा है। कवयित्री को गांव अच्छा लगता है, पर क्या वहां सुख है? "आम की बगीची / या फूस की मड़िया में" कवयित्री सुख की कल्पना तो करती है, पर वहां के जीवन के अनेक अभावों से वह आंख नहीं मूंदती तो दूसरी ओर—"खासी बिल्डिंग है / मेरी और वहां रोटी / मेज पर रख दी जाती है / किसी को किसी की प्रतीक्षा नहीं" व्यक्ति सिमट गया है, अकेला हो गया है। सुख कहीं नहीं, पर सुख की तलाश अनवरत है। हम अपने सपने किसी-न-किसी खूंटी पर टांग देते हैं और प्रसन्न हो जाते हैं, पर यथार्थ का सामना करते ही उन सपनों की अर्थहीनता स्पष्ट हो जाती है।

अकेलेपन, अर्थहीनता तथा व्यर्थता का भाव भी कुछ कविताओं में व्यक्त हुआ है। "मैं अब / दिन को नहीं काटती/दिन मुझको काटता है।" निस्सारता और व्यर्थता के भाव के साथ अकेलेपन को भी यहां अभिव्यक्ति मिली है।

रिक्तता के भाव को व्यक्त करते हुए वे लिखती हैं—"केवल पत्ती / सूखी पीली / बीच सड़क पर / नीरव झरती।" उपेक्षा का भाव भी अभिव्यक्त हुआ है—'कभी नाराजगी/कभी हैरत।' जीवन की व्यस्तता तथा यांत्रिकता ने अकेलेपन के भाव को और गहरा दिया है—"मैं हूं / कमरा है / गोदी में रखी फाइल हैं।" ये फाइलें ही अब साथी रह गयी हैं। व्यक्ति इन्हीं के साथ उठता, बैठता, सोता तथा इन्हीं के बारे में सोचता है। रिक्तता, व्यर्थता, उपेक्षा, अकेलेपन के बावजूद व्यक्ति जीवित रहना चाहता है—"पर मरना मृत्यु से पहले/मृत्यु तक/अस्वीकार है।" वह "अपनी लड़खड़ाती/जुबान के बाद भी/जीवन से लड़ना चाहता है।" इसमें जिजीविषा के साथ-साथ हर स्थिति से उबरने की आस्था का स्वर भी है।

नगर में यांत्रिक जीवन जीते हुए, जीवन की व्यस्तताओं के बोझ से दबे होने के बावजूद खुला आसमान, सूर्य, चांद, नक्षत्र तथा गांवों की प्राकृतिक सुषमा कवयित्री के कोमल हृदय हो आकर्षित करती है। वह अपनी कविताओं में 'वृक्ष, फूल, पत्ती' को बार-बार दुहराती है। पक्षियों का कलरव उसे मधुर लगता है—"पक्षी तो शायद / केवल गाता है/यों गा गा कर / सोये हुए पलाशों / सेमल और ढाकों को/बतलाता है / कि जीवन का / ऋत से कुछ नाता है।" पक्षियों का गायन ऋतुओं से जुड़ा हुआ है। वसन्त, वर्षा आदि पक्षियों को भी मुग्ध कर देती हैं। कहीं-कहीं सुन्दर प्राकृतिक बिबों का चित्रण हुआ है—"कैसा निर्दोष घास का / पन्नग बिछौना / चहुं खूंट वृक्षों पे / नीली मसहरी तना।" तो कहीं वह ऋतु परिवर्तन को जीवन के सुख-दुख के साथ जोड़ लेती है—"जेठ जितना तपना था / तप चुका / झुलस चुके / फूलों के मृदु हृदय फिर 'मेघ घिरे / यहां वहां तक क्षितिज जहां/...सद्यः स्नात शिखर।" जेठ की तपती दोपहरियों के बाद आषाढ़-सावन के बादल राहत देते हैं। सूखी नदियों, सरोवरों को जल से भर देते हैं,

प्रकृति पुनः सजीव हो उठती है। दुख के संकट को पार कर व्यक्ति सुख की छांव को पाता है।

सूखे की स्थिति का चित्रण करते हुए वे लिखती हैं— "बहुत झुलसा रहा/इस साल मौसम / जले-जले से फूल/लता प्यासी थी / तपती रही धरती / नहीं छाया तनिक आकाश ने दी।" जेठ की इस गर्मी से "चप्पा-चप्पा जले दोपहरी/जंगल-जंगल प्यासा"। जंगल शब्द वृक्ष-लताओं, पशु-पक्षियों सभी की प्यास को व्यक्त करता है।

माँ की ममता, प्यार, दुलार तथा उसके साथ जुड़ी स्मृतियों-घटनाओं को लेकर कवयित्री ने कई कविताओं की रचना की है। माँ की मृत्यु ने उसे कहीं गहरे छुआ है। माँ के बिना उसका जीवन अधूरा है। इस अभाव या अधूरेपन को कोई नहीं भर सकता। माँ सम्बन्धित कुछ कविताओं में सहज भक्ति की अभिव्यंजना भी है। कवयित्री सुबह-शाम सपनों में मां के ममता भरे चेहरे को देखती है। इसके साथ ही उसने उन बूढ़ी औरतों का चित्रण भी किया है जिनके बेटे बड़े व्यापारी हैं, जिनके पास पैसों की कमी नहीं है, पर अपनी बूढ़ी मां के लिए उनके पास समय नहीं है। ऐसी औरतें सरकारी हस्पतालों में या आश्रमों में दम तोड़ देती हैं।

माँ के साथ-साथ बच्चों की स्थिति को लेकर भी कुछ कविताओं की रचना कवयित्री ने की है। बच्चों से उनका बचपन छीना जा रहा है। आर्थिक संकट के कारण उन्हें काम में लगाकर या उन पर अत्यधिक पढ़ाई का बोझ डाल कर। यह कोई जानना नहीं चाहना कि—"बच्चों के कुसबुसाते शरीरों में / उनके टुटके मन क्या चाहते हैं।" रविवार की प्रतीक्षा में पूरा सप्ताह बीत जाता है और उस एक दिन में वे अपने पूरे बचपन को पा लेना तथा उसे भोग लेना चाहते हैं वे "चाहते हैं एक बगीचा चुरा लें/किसी बांस के जंगल में गा लें/आकाश की नीली बड़ी पंतग उड़ा लें।" पर वह जानती है इनमें से बच्चे कुछ भी नहीं पा सकते—"मुझे नहीं मालूम कि इनमें से / कुछ भी यदि कर पाते हैं/तुम्हारे और मेरे शहर के बच्चे/सोमवार सुबह की पहली अज़ान से पहले।"

नारी तथा उसकी समस्याओं को लेकर सुनीता जैन ने अधिक नहीं लिखा है, जबकि इस विषय पर उनसे कुछ अच्छी कविताओं की आशा थी। नारी होने के नाते लेखन तथा व्यवसाय में उन्होंने अपना स्थान बनाया है। यश पाने की इच्छा भी उनमें है। वे अपने हाथ में सूर्य रेखा को देखती हैं—"यह यश का सूरज/यहां लिखा है। कभी उगेगा जीवन में।" इसी कविता के अन्त में वे लिखती हैं—"उदित हुआ है/रवि अभी/मेरा अपना।" उसे लगता है कि साधना का फल उसे मिलने वाला है। 'सॉरी' कविता में नारी अस्मिता के प्रश्न को उठाया गया है। नारी मुक्ति, नारी अधिकार, नारी स्थिति सभी कुछ इस कविता में उभर आया है। वह पुरुष को चेताते हुए कहती है—"वही मेरा सबसे कहना है/उस पूरे मौन में/तुम्हारे समूचे होने को ही/उलांघ जाता है।" कवयित्री 'मैं' हूं के भाव को व्यक्त करना चाहती है।

सुनीता जैन के लिए कविता क्या है तथा कवयित्री होने के नाते उसका कर्म क्या है इस विषय पर उन्होंने अपनी कुछ कविताओं में प्रकाश डाला है। "कविता कर सकती हूं/ कविता पर मरती हूं।" कविता के प्रति कवयित्री का गहरा जुड़ाव है। रचना उसे तुष्ट करती है, उसे सुख देती है। कविता छपवाने के लिए, अकादमियों से पुरस्कार पाने के लिए जिन हथकंडों को लोग अपनाते हैं सुनीता जैन को वह पसन्द नहीं। कविता में विचार या बौद्धिकता भी उसे पसन्द नहीं—"आजकल कविता में/बहुत अखरता है आना चांद का/जैसे आंसू, मलयज, पीड़ा, प्रेम और ईश्वर का इनका सम्बन्ध व्यक्ति के हृदय से है। पीड़ा, करुणा और प्रेम के भाव ही व्यक्ति को मांजते हैं, उसे अच्छा बनाते हैं। इनके अभाव में मूल्यों की बात नहीं की जा सकती—"वे सब चांद अभी भी/कहीं धँसे हैं/मेरे जाने कितने अन्दर।" अच्छी कविता के लिए साधना की जरूरत है—"मेरा हर अक्षत/मंदिर से / अक्षर होकर/लौट रहा।" अभिव्यक्ति से पूर्व अनुभव को पचाने की उसे अपना बनाने तथा अभिव्यक्ति के योग्य बनाने की आवश्यकता होती है तभी उचित शब्द सूझते हैं और कविता जन्म लेती है। कवयित्री इसी अक्षत की ओर संकेत कर रही है जिससे अक्षर सामने आयें। कविता की पहली शर्त है कि वह जीवन को सुखद और श्रेष्ठ बनाये "तब तक नहीं मरता/खण्डहर / जब तक / पक्षी उसमें जीते हैं/" कवि का कर्म है कि वह जीवन को खण्डहर होने से बचाये। जीवन को चहकता हुआ बनाये।

पाठक शब्द पारखी नहीं होता इसी कारण सम्प्रेषण की समस्या उपस्थित होती है—"अर्थों के मर्म बींध-बींध/कवि जिसके लिए कविता लिखता है/वह क्यों स्वयं कवि नहीं होता/शब्द पारखी, शब्द धनी।" पाठक को शब्द पारखी और शब्दधनी होना होगा तभी वह कविता का पूरा आनन्द उठा सकता है। पाठक को भी कवि के स्तर का या कवि होना होगा—"कविता जिसके लिए लिखी/यदि वह भी होता कवि/सोचो, कैसी अद्भुत सृष्टि होती।"

कविता के गिरते हुए स्तर की तरफ भी सुनीता जैन का ध्यान गया है। कविता बहुत लिखी जा रही है, पर उसमें से कविता कहलाने लायक कितनी है? '*छुट-पुट कवि न होते*' तथा '*कविता कौन नहीं करता*' आदि कविताओं में इसी स्थिति पर विचार किया गया है। '*आज सुबह-सुबह*' में वे अज्ञेय की कविता को याद करती हैं। उसकी इच्छा है कि कविता निराला, महादेवी, बच्चन तथा अज्ञेय के स्तर को प्राप्त करे तथा कवि "शब्दों के प्राणों में / दहक-दहक लय" भर दे।

अन्त में कवयित्री की भाषा पर विचार करना चाहूंगा। सुनीता जैन सहज, सरल तथा भावानुरूप भाषा प्रयोग पर बल देती हैं। कवयित्री शब्दों की ध्वनि के साथ-साथ इन्द्रियगत अनुभवों से भी बहुत कुछ प्राप्त करना चाहती है। स्वाद-स्पर्श भी उसे बहुत कुछ दे जाता है। इसी कारण इन्द्रियगत बिंबों की सृष्टि की ओर उसका ध्यान अधिक गया है— "एक थिरक लय की/खोजती रहती हैं/ उंगलियां" इस थिरकन की अनुभूति

जो सुनाई नहीं देती "पर सांसों में / ताल सी" बज जाती है और अन्दर तक झंकृत कर जाती है। एक स्पर्श बिंब दृष्टव्य है "पांवों पर/गिल गिल-सी/ उनकी कभी छुअन हो।" कवयित्री के सामने शब्दों का भण्डार है, पर उसे खास शब्द चाहिए। ऐसे शब्द जो उसके भाव को, विचार को पाठक तक पहुंचा सकें, जिनके माध्यम से वह सभी कुछ कह सके जो उसके अन्दर उमड़ रहा है। वह लिखती है—"मैंने वे गूंगे दिन देखे हैं /जब धुआंधार बरसते थे / शब्द कहीं पर / किन्तु मेरी जिह्वा / तालु में जकड़ी रहती थी।" यह अभिव्यक्ति का संकट है। इस संकट से उबरने के लिए ही रचनाकार भाषा से जूझता रहता है। उचित शब्दों की तलाश तथा शब्दों को उचित अर्थ वहन के योग्य बनाना रचनाकार का प्रमुख कर्म है। कवयित्री 'एक माँसल/ और गहरे स्वाद वाले/शब्द को ढूंढ रही' है, जिसे बहुत देर तक मुंह में रखा जा सके तथा उसके स्वाद को अनुभव किया जा सके। ऐसी स्थिति को रचनाकार निरन्तर जूझने के बाद प्राप्त करता है। वह शब्द की आत्मा को पहचानने लगता है। अर्थ की अनेक सम्भावनाएँ स्पष्ट होने लगती हैं, तभी रचनाकार शब्द का सार्थक प्रयोग कर पाता है। स्पष्ट है कि कवयित्री का व्यक्तित्व नैसर्गिक रूप से विकसित हुआ है। सुनीता जैन की कविताएँ आधुनिकता को ढोती नहीं हैं। वह खुद को प्रदर्शित करना या श्रेष्ठता स्थापित करना भी नहीं चाहतीं। वह सिर्फ ईमानदारी से अपने अनुभवों को व्यक्त करना चाहती हैं। कविता में जीवन के प्रति आस्था के साथ-साथ करुणा, प्रेम, और ममत्व की सूक्ष्म भावनाओं को भी अभिव्यक्ति मिली है। कविता हमें वृहत्तर जीवन के साथ जोड़ना चाहती हैं। सुनीता जैन की कविताएँ जन विरोधी नहीं हैं। प्रतिबद्ध न होकर भी वे सम्वेदनशील भोले-भाले व्यक्ति का गीत गाती हैं। आधुनिक स्वार्थलिप्त, ईर्ष्यालु, अहम् पीड़ित व्यक्ति उसकी कविता का विषय नहीं है। कवयित्री ने मूल्य पर बल दिया है, पर सारहीन तथा अनावश्यक मूल्यों से व्यक्ति को बचाना भी चाहती है। सुनीता जैन की कविता में प्रेम, मानवीय सम्बन्ध तथा प्राकृतिक सौन्दर्य का चित्रण है। ये ऐसे विषय हैं जो कभी पुराने नहीं पड़ते। इसी कारण ये कविताएँ समय का साथ देने वाली हैं।

संचेतना मार्च-जून 1995

बैठकर लिखी तो जा सकती है पर उसे जीने के लिए आकाश की ही तरह विराट जनजीवन में लीन होना पड़ता है। यह गुण सुनीता की रचनाओं में बहुत सहज रूप में अनुभव किया जा सकता है। उसकी कविता जीवन के निरन्तर बहाव के साथ बहती है— जीवन के हर उतार-चढ़ाव को छूकर मुखरित होती है। दुःख-सुख, धरती-आकाश, यौवन-बुढ़ापा, मान-मनोबल, धूप-आरती सभी को अपने में समेट कर—विशालता में पसर जाती है। सुनीता की कविता में उसकी सृजनशक्ति व संवेदना जीवन की गहराइयों में स्वयं ही नहीं उतरते, पाठक को भी उतार लेते हैं।

रचना और कविता से अलग एक और सुनीता भी है— आस्था से सराबोर, अपने ही बनाये मंदिरों में पूजा-अर्चना करती सुनीता, बाग-बगीचे संवारती संजोती सुनीता और एक अकेलेपन में पूरी तरह मौन सुनीता। बिना तनिक सी आत्मदया के, बिना आवाज ऊँची किये। प्रकृति और यथार्थ के बीच सच को ढूंढती, सच को उजागर करती उसकी रचनाएँ कल्पना और जीवन के घात-प्रतिघात में सक्षम खड़ी, उसकी अस्ति, विसंगतियों, विषमताओं का सूक्ष्म बोध कराती हुई निराशा का धुआं नहीं फैलातीं, जीवन का संदेश देती हैं।

सुनीता को प्यार करता व्यक्ति नहीं जानता कि वह कविता से प्रेम कर रहा है या कविता के कारण सुनीता से।

सुनीता : जैसा मैंने उसे जाना है

—शामा सोंधी

खुली किताब सी है वह—न कोई लुकाव न छिपाव—बस जैसी है वैसी ही एक लम्बे संघर्ष की सारांश सी—वक्त के बहुत स्याह दौरों से निकल कर कविता की किरणें बिखेरती! सुनीता मुझे एक साहित्यिक पार्टी में मिली थी। इतनी भीड़ में जाने उसने कैसे मुझे ही चुन लिया और कहा "चलो बाहर बाग में बैठते हैं।"

उसकी मुस्कराहट में लिपटी मैं भी उसके साथ-साथ बाहर चली आई और फिर वह पहचान चेतना और चिंतन की राह पर बढ़ती चली गई।

सुनीता की बातों में जीवन का अनुभव और कलम में संवेदना की स्याही का बड़ा विरल सामंजस्य है। किसी दर्शन का तर्क, न शास्त्रों का आडम्बर। जैसे जीवन के आम अनुभव को शब्दों की गति मिल जाये—वैसी ही है उसकी कविता। बाढ़ की तरह अपने साथ बहाकर ले जाती है। उसका सपनों और अनुभवों का झेला हुआ सत्य अनुमानों की तरह नहीं, पैरहन की तरह गले लग जाता है। उसकी कविता समाज की टूटती हुई परम्पराओं की कहानी ही नहीं, मानव मन की संवेदनाओं का भी दस्तावेज है। सुनीता एक स्वतंत्र और पूर्ण नारी का चेतन रूप ही नहीं, एक समग्र सजग व्यक्तित्व की विशिष्ट परिभाषा सी भी है। फूल-पौधों से स्वाभाविक प्रेम, कलात्मक रुचियों की तरफ रुझान, भक्ति-भाव से ओत-प्रोत सुनीता—पारिवारिक और सामाजिक विडम्बनाओं का बड़ा साहसिक वर्णन करती है। हम दोनों का वार्तालाप खामोशी का अनुवाद सा रहता है जो अहसासों को ज्यादा कुरेदता है, शब्दों में कंजूसी कर लेता है।

कलम की तूलिका से अक्षरों के रंग बिखेरती सुनीता की कविता का अपना ही एक अंदाज है। आकाश में उड़ते हुए कपोत सी उड़ान है। उसे अपने अक्षरों से बड़ा लगाव है और उन अक्षरों को शब्दों में गूंथ-गूंथ कर हीरे-मोतियों की तरह कविता में जड़ती है। मैं सुनीता की कविताओं को या रचनाओं को साहित्यिक कसौटी पर परखना-पलटना नहीं जानती, मैं तो उन्हें अनुभव करती हूँ—पूरी तरह जैसे फूल की सुगन्ध को शब्दों में क्या बांधा जा सकता है!

सर्जना का क्षेत्र खुला आकाश है—शायद इसीलिए कविता भी बन्द कमरों में

बैठकर लिखी तो जा सकती है पर उसे जीने के लिए आकाश की ही तरह विराट जनजीवन में लीन होना पड़ता है। यह गुण सुनीता की रचनाओं में बहुत सहज रूप में अनुभव किया जा सकता है। उसकी कविता जीवन के निरन्तर बहाव के साथ बहती है—जीवन के हर उतार-चढ़ाव को छूकर मुखरित होती है। दुःख-सुख, धरती-आकाश, यौवन-बुढ़ापा, मान-मनोबल, धूप-आरती सभी को अपने में समेट कर—विशालता में पसर जाती है। सुनीता की कविता में उसकी सृजनशक्ति व संवेदना जीवन की गहराइयों में स्वयं ही नहीं उतरते, पाठक को भी उतार लेते हैं।

रचना और कविता से अलग एक और सुनीता भी है— आस्था से सराबोर, अपने ही बनाये मंदिरों में पूजा-अर्चना करती सुनीता, बाग-बगीचे संवारती संजोती सुनीता और एक अकेलेपन में पूरी तरह मौन सुनीता। बिना तनिक सी आत्मदया के, बिना आवाज ऊँची किये। प्रकृति और यथार्थ के बीच सच को ढूंढती, सच को उजागर करती उसकी रचनाएँ कल्पना और जीवन के घात-प्रतिघात में सक्षम खड़ी, उसकी अस्ति, विसंगतियों, विषमताओं का सूक्ष्म बोध कराती हुई निराशा का धुआं नहीं फैलातीं, जीवन का संदेश देती हैं।

सुनीता को प्यार करता व्यक्ति नहीं जानता कि वह कविता से प्रेम कर रहा है या कविता के कारण सुनीता से।

सुनीता : जैसा मैंने उसे जाना है

—शामा सोंधी

खुली किताब सी है वह—न कोई लुकाव न छिपाव—बस जैसी है वैसी ही एक लम्बे संघर्ष की सारांश सी—वक्त के बहुत स्याह दौरों से निकल कर कविता की किरणें बिखेरती! सुनीता मुझे एक साहित्यिक पार्टी में मिली थी। इतनी भीड़ में जाने उसने कैसे मुझे ही चुन लिया और कहा "चलो बाहर बाग में बैठते हैं।"

उसकी मुस्कराहट में लिपटी मैं भी उसके साथ-साथ बाहर चली आई और फिर वह पहचान चेतना और चिंतन की राह पर बढ़ती चली गई।

सुनीता की बातों में जीवन का अनुभव और कलम में संवेदना की स्याही का बड़ा विरल सामंजस्य है। किसी दर्शन का तर्क, न शास्त्रों का आडम्बर। जैसे जीवन के आम अनुभव को शब्दों की गति मिल जाये—वैसी ही है उसकी कविता। बाढ़ की तरह अपने साथ बहाकर ले जाती है। उसका सपनों और अनुभवों का झेला हुआ सत्य अनुमानों की तरह नहीं, पैरहन की तरह गले लग जाता है। उसकी कविता समाज की टूटती हुई परम्पराओं की कहानी ही नहीं, मानव मन की संवेदनाओं का भी दस्तावेज है। सुनीता एक स्वतंत्र और पूर्ण नारी का चेतन रूप ही नहीं, एक समग्र सजग व्यक्तित्व की विशिष्ट परिभाषा सी भी है। फूल-पौधों से स्वाभाविक प्रेम, कलात्मक रुचियों की तरफ रुझान, भक्ति-भाव से ओत-प्रोत सुनीता—पारिवारिक और सामाजिक विडम्बनाओं का बड़ा साहसिक वर्णन करती है। हम दोनों का वार्तालाप खामोशी का अनुवाद सा रहता है जो अहसासों को ज्यादा कुरेदता है, शब्दों में कंजूसी कर लेता है।

कलम की तूलिका से अक्षरों के रंग बिखेरती सुनीता की कविता का अपना ही एक अंदाज है। आकाश में उड़ते हुए कपोत सी उड़ान है। उसे अपने अक्षरों से बड़ा लगाव है और उन अक्षरों को शब्दों में गूंथ-गूंथ कर हीरे-मोतियों की तरह कविता में जड़ती है। मैं सुनीता की कविताओं को या रचनाओं को साहित्यिक कसौटी पर परखना-पलटना नहीं जानती, मैं तो उन्हें अनुभव करती हूँ—पूरी तरह जैसे फूल की सुगन्ध को शब्दों में क्या बांधा जा सकता है!

सर्जना का क्षेत्र खुला आकाश है—शायद इसीलिए कविता भी बन्द कमरों में